Konrad Dieterich Haßler

Das alemannische Totenfeld bei Ulm

Konrad Dieterich Haßler

Das alemannische Totenfeld bei Ulm

ISBN/EAN: 9783743457560

Hergestellt in Europa, USA, Kanada, Australien, Japan

Cover: Foto ©ninafisch / pixelio.de

Manufactured and distributed by brebook publishing software (www.brebook.com)

Konrad Dieterich Haßler

Das alemannische Totenfeld bei Ulm

Das

Alemannische Todtenfeld

bei Ulm.

Beschrieben und erläutert

von

Professor Dr. K. D. Haßler,

Conservator der Kunst- und Alterthums-Denkmäler Württembergs.

Mit 6 Steindrucktafeln und Holzschnitten.

Ulm, 1860.
Druck der Wagner'schen Buchdruckerei.
(J. A. Walter.)

Es war am 20. Oktober des Jahres 1805, als des schlauen Neffen gewaltiger Onkel auf dem äußersten Vorsprunge des sogenannten Kunlesberges *), dem südlichsten Ausläufer der schwäbischen Alb, unterhalb des Michaelsberges stand, umgeben rechts und links von seinen Generalen, hinter und vor ihm die langgestreckten Linien seiner sieggewohnten Garden, durch deren weite Gassen 25000 deutsche Krieger defilirten, um vor ihm, ein Opfer der Unfähigkeit des Führers, des Mißgeschicks der Umstände und — der Zerrissenheit des Vaterlandes, welche so alt und leider auch so neu ist, wie die Geschichte der deutschen Stämme, ruhmlos die Waffen zu strecken. Damals dachte der stolze Imperator, nahezu angelangt auf dem Gipfelpunkte seines Feldherrnruhms und der Schmach Deutschlands, wohl so wenig als sonst irgend Jemand, daß in der Erde der vor ihm gegen den Kalkfelsen sanft ansteigenden Ebene seit vielen Jahrhunderten ganze Geschlechter jener deutschen Krieger in voller Waffenrüstung ruhen, vor deren wildem Anprall die Herren der Welt, die Römer, trotz aller überlegenen Kriegskunst hatten weichen und das Zehentland sowie die Provinz Rieterrätien als ein mit Recht beanspruchtes Erbgut ihrer Vorfahren, des alten Suevenbundes, in den Händen der Sieger lassen müssen, — ein Ereigniß von weltgeschichtlicher Bedeutung, insoferne dadurch bewirkt wurde **), daß unsere, damals schon seit mehr als drei Jahrhunderten zu den römischen Westländern gehörigen Gegenden nicht romanisch wurden, vielmehr deutsche Sprache und deutsche Sitte sich hier unvermischt erhielten und, so Gott will, sich gegen jeden neuen Versuch der Romanen auch fernerhin erhalten werden.

Wenn es daher schon in allgemein-deutscher Beziehung nicht ohne Interesse sein dürfte, zu fragen, wie es sich denn nun näher mit dieser Grabesstätte verhalte, so gewinnt dieses Interesse noch eine wesentliche Steigerung durch die besondere örtliche Beziehung zu der dunkeln Urgeschichte dieser Gegenden im Ganzen und der Stadt Ulm im Einzelnen, und vielleicht ertönt aus den geöffneten Gräbern unserer Urahnen eine nicht bloß orakelhafte Antwort auf jene Fragen, vielleicht fällt, wie sonst wohl aus dunkler Gewitternacht ein Blitz, so wenigstens ein Streiflicht aus der Nacht dieser Grüfte auf die Waldesschatten deutscher Urgeschichte. Ja, nicht nur Vielleicht! Folgen Sie mir, meine Leser, steigen Sie mit mir hinab in die aufgeschlossenen Gräber dieses Todtenfeldes, sehen Sie, prüfen Sie Selbst, und ich darf Ihnen für Gewiß versprechen, daß von den Gebeinen, welche Sie hier finden, erfüllt werden wird, was ein weiser Mann des Alten Testaments, Jesus des Sirach Sohn, von dem todten Propheten Samuel sagt (Kap. 46, 23.): „Und da er nun entschlafen war, weissagete er".

---

*) Nach Haid (Ulm mit seinem Gebiete S. 6) so genannt nach einer Kapelle des heil. Kunen, die früher dort stand.

**) Stälin, Wirtembergische Geschichte, 1. Theil, S. 148.

Im Spätherbste 1857 war man genöthigt, die Räumlichkeiten des Bahnhofes in nördlicher Richtung zu erweitern. Zu diesem Behufe mußten die von der Sohle des Blauthals an der Staatsstraße nach Blaubeuren gegen den Fuß der Kalkfelsen des Künlesberges auf eine Länge von etwa 300 Schritten in einer sanften Erhebung von 20' ansteigenden Aecker abgegraben werden. In den ersten Tagen des Decembers hatte der Bahnhofinspector Herr von Misani die Güte, mir anzeigen zu lassen, daß man bei den diesfallsigen Arbeiten häufig auf Todtengerippe gestoßen sei, welche Anfangs auf diesem an kriegerischen Ereignissen im Mittelalter und der Neuzeit so reichen Boden keine und dann erst einige Beachtung fanden, als sich zu ihnen einige Waffenstücke gesellten. Ich verfügte mich sogleich (5. Decbr.) an Ort und Stelle und das Ergebniß der Funde, wie sie schon vorlagen oder an diesem Tage unter meinen Augen statt hatten, war zunächst folgendes. Auf einem annähernd halbkreisförmigen Raume, dessen Sehne etwa 150', der Halbmesser 75' betrug, waren bis dahin, nach Angabe der Arbeiter, mehr als 160 Gerippe durchaus männlichen Geschlechts, nur ein einziges das eines Kindes, ausgegraben worden. Sie lagen alle — wie sich dieß auch in der Folge ausnahmslos in gleicher Weise bei den übrigen herausstellte — in Reihen ziemlich regelmäßig geordnet, mehr oder weniger gut erhalten, an die Luft gebracht meist schnell zusammenbrechend, zum Theil von großen Dimensionen, durchaus die Köpfe westlich, die Füße östlich, viele mit großen, centnerschweren Steinen auf der Brust, aus Jura- oder Süßwasserkalk von zufälligen Formen, 2' — 3½' im Tuffsande unter der Oberfläche des Bodens. Die Gegenstände, welche sich bei ihnen fanden, waren 4 kurze Schwerter von 7" — 1' 1" Länge und 1½" — 2" Breite, einschneidig, mit starkem Rücken, sich in einen 4" — 7" langen Stiel fortsetzend, über welchem sich eine Schaale von Holz befunden hatte, wovon noch kleine Theilchen vorhanden; die Spitze eines Pfeils und eines Wurfspeers; ein starker Streithammer, den man übrigens für einen Arbeitshammer hätte halten können, wenn er nicht mit den übrigen Gegenständen gefunden worden wäre; zwei Hufeisen, das eine auffallend klein, das andere von guter Arbeit und etwas auffallender Form, nach außen (unten) mit einem wulstförmigen Rande; ein Steigbügel; eine starke Schnalle von einem Gürtel, wie es scheint, zu welchem wohl auch ein Plättchen von einem Quadratzoll gehörte, auf welchem sich noch Spuren eines rohen Gewebes finden. Alle diese Gegenstände sind von Eisen, mit Ausnahme eines Steigbügels, der einen Kupferzusatz zeigt, und der Schnalle, bei welcher bei der Reinigung mit concentrirter Schwefelsäure Figuren von eingelegtem Silber zum Vorschein kamen. Außerdem war gefunden worden ein thönerner Krug von gefälliger Form mit kleinen Oehren, durch welche wohl ein Henkel von Leder oder einem andern biegsamen Stoffe gezogen war, mit einer Menge kreisförmiger, schwacher und nicht durchaus regelmäßiger Einschnitte, welche beim Drehen durch ein kammartiges Instrument hervorgebracht schienen. Auf oder neben einem der Gerippe fand sich ein von Steinmetzen bearbeiteter Stein (Süßwasserkalk), dessen Form als Ganzes sich leider nicht vollkommen, sondern nur, insoweit ihn die hier beigegebene Abbildung zeigt, wieder erkennen ließ, da er von den Arbeitern in eine Menge kleiner Stücke zerschlagen oder auch selbst zerfallen war, auf welchen wir übrigens später noch einmal zurückkommen werden.

3

Diese ersten Entdeckungen, freilich zum allergrößten Theile nur auf den Aussagen der Arbeiter beruhend, ließen mich, wie ich dieß auch im Schwäbischen Merkur vom 8. Decbr. 1867 aussprach, im ersten Augenblicke annehmen, daß wir, hauptsächlich wegen der angeblichen gänzlichen Abwesenheit weiblicher Gerippe, hier eine Grabstätte von Kriegern vor uns haben, um so mehr, da einige eben zum Vorschein kommende Schädel schwere Wunden hatten; daß sie von den Ihrigen, welche als Sieger die Stätte behaupteten, begraben wurden, schien die Regelmäßigkeit, daß es wohl in Eile geschah, die Seichtigkeit der Lage zu zeigen. Außerdem glaubte ich annehmen zu dürfen, daß es wohl vorchristliche Alemannen gewesen, die hier kämpften und fielen; darauf schienen Stoff und Form der Waffen hinzuweisen.

Wie viel an diesen Vermuthungen und Annahmen, welche, ich wiederhole es, zunächst auf Aussagen von der Natur der Sache und der Personen nach unzuverlässigen Arbeitern beruhten, Richtiges oder Unrichtiges sei, das sollte die Fortsetzung der Arbeiten herausstellen, welchen ich nun, soweit es mir immer möglich war, beständig theils persönlich anwohnte, theils durch ein Paar mit derartigen Geschäften vertrauten und in ihrer Behandlung geübten Personen in der Art anwohnen ließ, daß, so wie die Eisenbahnarbeiter wieder an ein Grab kamen, in Folge eines besondern Vertrags mit dem Unternehmer, sie die weitere Aufdeckung und Untersuchung desselben sofort mir, beziehungsweise den bezeichneten Personen überließen. Wenn dieß auf der einen Seite den Vortheil gewährte, daß wir ziemlich rasch, mit verhältnißmäßig geringern Kosten, als es sonst möglich gewesen wäre, eine größere Anzahl von Gräbern auszubeuten vermochten; so läßt sich auf der andern Seite nicht verkennen, daß diese Vortheile durch anderweitige Nachtheile sehr geschmälert wurden. Im Interesse des Akkordanten lag es, möglichst schnell mit seinen vertragsmäßigen Leistungen zu Ende zu kommen; daher arbeiteten seinerseits fast ununterbrochen Hunderte von Arbeitern, und Dutzende von Wagen eilten, die abgegrabene Erde weg - und an einen andern Ort, nämlich auf das aufzufüllende Terrain der neuen Friedenskaserne zu führen. Dadurch wurde es geradezu unmöglich, Alles genau zu übersehen, zu überwachen und zu untersuchen. Hiezu kam die Ungunst der Jahreszeit — von Anfang Decembers bis Mitte Februars — wo der Boden bald mehrere Fuß tief steinhart gefroren war, so daß durch die unvermeidliche heftige Erderschütterung beim Abgraben die in den Gräbern befindlichen Gegenstände entweder gänzlich zertrümmert, oder auch in großen gefrornen Erdschollen enthalten von den drängenden Eisenbahnarbeitern und Fuhrleuten ununtersucht auf die Seite geworfen und weggeführt wurden; bald aber war, bei wiederholt eintretendem Thauwetter, der Schmutz wieder so entsetzlich, daß man im buchstäblichen Sinn in dem klebrigen Lehmboden stecken blieb, oder auch, zu anderer Zeit, die gerretteten und auf die Seite gelegten Gegenstände in dem massenhaft fallenden Schnee wieder zu verlieren fürchten mußte. Außerdem konnte es nicht fehlen, daß aus der großen Zahl von Arbeitern, nachdem sie einmal sahen, daß die Fundstücke irgend welchen Werth hatten, Einzelne ungeachtet aller Aufsicht und der strengsten Anordnungen der Behörde einige, namentlich kleinere der aufgefundenen Gegenstände auf die Seite brachten und verleitet von den Auerbietungen der zahlreich sich einstellenden und herumschleichenden Sammler, Liebhaber und Juden dieselben entfremdeten.*) Ich erwähne dieß Alles nur zu dem Zwecke, den Charakter der nachfolgenden

---

*) Das sind nicht bloß Vermuthungen, sondern Thatsachen. In Augsburg sah ich eine Schnur schöner, großer Thonperlen, nebst einer ebernen Gürtelschnalle mit Trachenköpfen, welche die Verwaltung des Maximilianeums von einem Händler oder Geschäftsfreund, ich glaube in Günzburg, aus den Ulmer Gräbern erhalten haben will. Vielleicht sind durch denselben Unterhändler die Gegenstände, welche das Neue Museum in Berlin aus den

1*

Darstellung zum Voraus als einen durchaus authentischen zu bezeichnen. Denn aus den eben angeführten Gründen könnte man glauben, diese Darstellung werde unvollständig und, was das Schlimmste wäre, unzuverlässig sein. Wenn nun das Erstere allerdings keineswegs ganz zu vermeiden war*), so ist dagegen das Andere, die Unzuverlässigkeit, in keiner Weise zu befürchten. Denn ich gehe in meiner Darstellung überall nur von dem aus, was unter meinen Augen vorgenommen wurde, was ich selbst verglichen und untersucht habe, oder was die von mir unterwiesenen Personen in unzweifelhafter Weise wahrnahmen und mittheilten, und vermeide es absichtlich, irgend auf Mittheilungen der gewöhnlichen Eisenbahnarbeiter mich zu stützen, oder wenn ich solche Mittheilungen je berühre, versäume ich nie, die denselben anklebende Unsicherheit hervorzuheben, es müßte denn sein, daß sie in der Analogie mit sonst sicher Erhobenem eine genügende Beglaubigung finden. Auch darf ich nicht unterlassen, hier sofort zu bemerken, daß, wenn vor 15 bis 20 Jahren das Urtheil über solche Todten-felder, wie über die von Fridolfing, von Nel-Air, von Nerkendorf und andere bei der Neuheit der Entdeckungen der Natur der Sache nach noch ein vielfach unsicheres und schwankendes war, jetzt nach dem bedeutenden Zuwachs an Material und der dadurch ermöglichten Vergleichung sowohl der einzelnen Funde unter sich als mit den Thatsachen der Geschichte, und nach den vortrefflichen Arbeiten von Troyon, Lindenschmit und insbesondere von Abbé Cochet nicht allein die Ausbeutung eines solchen Todtenlagers, sondern auch und in noch viel höherem Grade die Beurtheilung seines Inhalts in Beziehung auf die Fragen der Geschichte wesentlich erleichtert und gesichert ist.**)

* * *

Ulmer Gräbern jetzt besitzt und über München erhalten hat, hier von betrügerischen Arbeitern erkauft worden. Glücklicherweise sind es fast durchaus Gegenstände, wie wir sie selbst auch in gleicher oder ganz ähnlicher Weise besitzen. Nur die mit Gold und Silber eingelegte Lanzenspitze macht hievon eine Ausnahme, welche im 3ten Hefte des Werkes von L. Lindenschmit (die Alterthümer unserer heidnischen Vorzeit) Taf. V. Nr. 1 und 2 abgebildet ist. Ebenso mag vielleicht Anderes anderswohin gekommen sein. Ganz anders aber verhält es sich mit einer Anzahl von Münzen, römischen und mittelalterlichen, welche vor einem hiesigen Händler an einen angesehenen hier durchreisenden Herrn als aus unserem Todtenfelde herrührend verkauft und natürlich von diesem mit Befriedigung gekauft wurde. Ich kann nur versichern, daß ich diese Münzen zu einer Zeit, wo noch Niemand an das hiesige Todtenfeld dachte, bei dem Betreffenden gesehen habe.

*) Eben aus den zuvor angeführten Gründen! Aber auch noch aus andern. Als man nämlich im Februar mit den zum Zweck der Bahnhoferweiterung unternommenen Erdarbeiten aufhörte, weil der Zweck erreicht war, konnte man mit Zuversicht annehmen, daß mehr Gräber in westlicher Richtung gegen den Wall oberhalb des Blaubeurer Festungsthors sich finden werden, während sie in östlicher Richtung gegen das Hoerwerk hin längst aufgehört hatten. In der erstgenannten Richtung ließ nun in den Monaten März und April Seine Erlaucht der Herr Festungsgouverneur Graf Wilhelm von Württemberg die Ausgrabungen auf seine Kosten fortsetzen und gewann noch eine reiche Ausbeute. Ich war damals abwesend und sah die Gegenstände bei meiner Rückkehr nur flüchtig; später wurden sie in die sonst auch ausserordentlich reichen Sammlungen Seiner Erlaucht auf Schloß Lichtenstein gebracht. Daher ist es mir nicht vergönnt, sie hier im Einzelnen zu beschreiben, ich kann jedoch aus jenem allgemeinen Ueberblick und nach den mir von Seiner Erlaucht gnädigst gemachten Mittheilungen die bestimmte Versicherung geben, daß diese nachträglichen Fundstücke durchaus denselben Charakter wie die unsrigen und verwandte an sich tragen, und daher im allgemeinen Urtheil über das hiesige Todtenlager durch diese relative Unvollständigkeit ein Unterschied nicht bewirkt wird.

**) Die bedeutendern Werke der hier einschläglichen Litteratur, soweit sie mir zugänglich waren, sind, auffer den Jahresberichten des historischen Vereins von Schwaben und Neuburg 1842—45, von Weyger: de

Nach diesen einleitenden Bemerkungen werden wir zuerst die Gräber, dann die in ihnen Begrabenen, hierauf die Grabesbeigaben nach ihren verschiedenen Arten, wie Waffen, Geräthe, Schmucksachen u. s. w. ins Auge zu fassen, endlich hieraus im Zusammenhalt mit den Thatsachen der Geschichte die Feststellung der Resultate für die Zeit- und Nationalität-Bestimmung der Funde zu versuchen haben.

I.

Das Terrain, welches von der Zeit an, da ich Kenntniß von dem Todtenlager erhielt (5. Decbr. 1857 bis in die zweite Hälfte des Februars 1858 allerdings unter vielen durch die Witterung oder die Festzeit herbeigeführten Unterbrechungen), also abgesehen von dem früher schon abgehobenen Boden, bearbeitet wurde, bildet, soweit es Gräber enthielt, ein Oblongum von 60' Breite in der Richtung von Osten nach Westen und von 240' Länge in der Richtung von Süden nach Norden, also eine Fläche von 14,400 ☐'. In der Längenlinie lagen 26, in der Breitenlinie 6, also im Ganzen 156 Gräber. Die Abstände sowohl der Gräberreihen als auch der einzelnen Gräber unter sich waren zwar nicht vollständig, aber doch ziemlich gleichmäßig; man konnte annehmen, daß von dem Mittelpunkte eines Grabes 9' nach Norden und Süden und ebenso von diesem Mittelpunkte aus nach Osten und Westen abmessend man sich durchschnittlich wieder an einem andern Grabe befand, ja in einzelnen Fällen kam man — es war dieß ohne Zweifel rein zufällig — beim Einhalten dieses Maaßes gerade wieder in die Mitte eines andern Grabes. Die Beobachtung dieser Verhältnisse und das Auffinden der Gräber überhaupt wurde dadurch erleichtert, daß nachdem der gräberlose östliche Theil des Terrains ganz abgegraben und die Erde abgeführt war, man zur Zeit starken Frostes an der bloßgelegten östlichen Kante des noch nicht abgegrabenen, also nun höhern westlichen Theiles des Terrains in der Richtung von Süden nach Norden an der dunklern Farbe des Erdreichs der Gräber im Gegensatz gegen das viel heller gefärbte der Zwischenräume die erstern sogleich zu erkennen vermochte. So viel stand also vorneherein fest, daß wir hier Reihen- oder Furchengräber vor uns hatten, wie sie in Nordendorf, Selzen, an vielen Orten der Normandie und anderwärts in den letzten zwei Jahrzehnten sich fanden. Was aber die dunklere Färbung der Erde in den Gräbern betrifft, so erklärte ich sie mir von Anfang theils aus dem unvermeidlichen Hineinfallen des die Decke des ganzen Terrains bildenden Humus bei der ursprünglichen Beerdigung der Leichen, theils als Folge der Verwesung der Leichen selbst und ihrer Kleider, hölzernen Geräthe u. s. w., theils endlich aus der Sitte, die Leichname beim Begraben mit Rasenstücken zu bedecken: „Ut mos rusticorum habetur" sagt Gregor von Tours (Vitae patrum VI, 7.). Vgl. Cochet Normandie Sout. S. 210. Ob nicht noch ein anderes Moment mitwirkte, wird alsbald bei der Untersuchung des Gräberinhalts selbst zur Frage stehen.

---

operibus antiquis ad vicum Nordendorf e solo erutis, Augusta Vindelicorum 1846. 4.; Troyon: Description des tombeaux de Bel-Air. Lausanne 1841. 4.; Baren von Bonstetten: Recueil d'Antiquités Suisses; W. und L. Lindenschmit: das Germanische Todtenlager bei Selzen in Rheinhessen, Mainz 1848; Abbé Cochet: La Normandie Souterraine. 2. Edit. Paris 1855. 8.; Sépultures Gauloises, Romaines, Franques et Normandes, Rouen 1857. 8. und France Merovingienne; Le tombeau de Childéric Ier. Paris 1859.

Die Gräber lagen von 3' bis 7' tief, weitaus die Mehrzahl etwa 5' tief unter der Oberfläche des Bodens, dessen oberste Schichte durch eine durchschnittlich 1' starke Humusdecke gebildet wurde; ⅔ der Gräber lagen unter dieser Humusdecke ganz im Tuffsande; ⅙ hatten ihn theilweise durchbrochen; ⅙ lagen ganz im Thonlager (Lehmboden). Je näher der Thalsohle die Gräber lagen, um so seichter, je weiter hinauf in der sanftansteigenden Höhe*) gegen die Vorsprünge der Kalksfelsen, um so tiefer lagen sie, ohne Zweifel weil man im Thal unten beim Aufgraben des Bodens sehr bald auf Wasser kam und in jenen frühern Zeiten viel häufiger, als es jetzt doch auch noch vorzukommen pflegt, Ueberschwemmungen durch die Blau zu besorgen hatte. Dieß führt uns von selbst

II.

in die geöffneten Gräber, in welchen wir von den schweren Steinen, welche nach Aussage der Eisenbahnarbeiter auf den Steletten der früher aufgedeckten Gräber gelegen sein sollten, lediglich keine Spur mehr fanden. Ich bin daher sehr geneigt, die ganze Angabe für eine auf Irrthum oder auf vereinzelten zufälligen Erscheinungen beruhende Verallgemeinerung zu halten, und zwar um so mehr, als die auf meine Beregung der Sache in der Versammlung der deutschen Geschichts- und Alterthumsforscher zu Berlin im Herbst 1858 aufgestellte Behauptung, daß sich dieselbe Erscheinung auch anderswo herausgestellt, bisher ohne festen Nachweis geblieben ist und ich wenigstens in den mir bekannt gewordenen Reihengräbern nichts Aehnliches gefunden habe. Doch wäre es immerhin möglich — die Richtigkeit der Thatsache vorausgesetzt —, daß die Steine auf die Stelette gelegt worden, um das Weggeschwemmtwerden derselben zu verhüten, und diese Ansicht könnte darin einige Unterstützung finden, daß sich in diesen früher aufgedeckten und freilich gar nicht sorgfältig untersuchten Gräbern nur so wenige Beigaben und nur voluminösere und schwerere fanden, was man allerdings aus der Alles aufwühlenden und wegschwemmenden Gewalt der Wasser zu erklären versucht sein könnte. Doch dem sei, wie ihm wolle, in keinem der folgenden Gräber wiederholte sich diese Erscheinung; dagegen schien der erste Anblick wenigstens mehrerer der geöffneten Gräber für die schon berührte dunklere Färbung der Erde ein weiteres Erklärungsmoment darzubieten. Es fanden sich nämlich in einer ziemlichen Zahl derselben theils um theils unter den Steletten ganz unzweifelhafte Holzkohlen, welche, namentlich wo sie in Menge und zerstückt vorlagen, zu jener dunklern Färbung wesentlich beitragen konnten. Ich würde auf diesen Umstand kein besonderes Gewicht legen, da es einerseits bekannt ist, daß ja bis weit ins Mittelalter herunter den Gräbern Kohlen in die Gräber mitgegeben wurden, sei es um jene besser zu erhalten, sei es um sie vor den Einflüssen des bösen Feindes zu bewahren, oder auch, um die geweihte Grabeserde zu bezeichnen und ihre anderweite profane Verwendung zu verhüten; andrerseits es aber auch ausser allem Zweifel steht, daß eine Menge uralt heidnischer Gebräuche in das Christenthum übergingen und entweder durch Duldung

---

*) Ueberall, wo es nur immer möglich war, wurden die Leichenfelder der Kelto-Romanen und der merowingischen Franken, sowie der Angelsachsen am Fuß von Hügeln oder auf sanftansteigenden Hügeln selbst in der Richtung von Süd nach Nord, wohl auch gerne unmittelbar an Strassen angelegt. Vgl. Cochet, Normandie souterraine S. 90. S. 161 f.

sich erhielten oder selbst durch Umdeutung die christliche Weihe bekamen. Allein Abbé Cochet hat scheinbare Kohlen chemisch untersuchen lassen und das Resultat der Untersuchung war, daß dieß gar keine Kohlen seien, sondern eine Art von Ligniten oder fossilem Holz, den Ueberbleibseln der hölzernen Särge, in welchen die Leichname bestattet worden waren (Cochet, Normandie Souterraine p. 227). Dieß könnte nun auf unsern Fall eine nur sehr beschränkte Anwendung finden. Denn nur in einem einzigen Grabe fand ich entlang den beiden Seiten des Skelets und ober- und unterhalb desselben in der Stärke von kaum 1½″ eine dunklere, von der Farbe des innen und außen sie umgebenden Bodens sich abhebende Schicht, welche kohlenartig aussah und nach meinem Dafürhalten kaum von etwas Anderm herrühren konnte, als von einer Art Sarg oder umgebendem Brettergehäuse, in welchem der Leichnam der Erde übergeben worden war. Alle übrigen Skelette aber lagen einfach ohne alle Spur von Särgen im Tuffsand oder Lehmboden, und das verhältnißmäßig ausnehmend seltene Vorkommen von stärkern Nägeln, welche doch jedenfalls in größerer Anzahl hätten vorhanden sein müssen, wenn die Leichname in hölzernen Särgen wären bestattet worden, beweist augenscheinlich, daß das Letztere eben nicht der Fall war. Auch ist ebenso augenscheinlich das Aussehen von wirklichen Ligniten oder fossilen Holzresten, wie sie mir noch mehrfach vorliegen, z. B. in großen Stücken von Speerschäften, ein ganz anderes als das der eigentlichen Holzkohlen. Solche aber fanden sich — und dieß ist eine der eigenthümlichsten und deshalb interessantesten Erscheinungen gerade unseres Todtenfeldes — regelmäßig in denjenigen Gräbern, in welchen gar keine Skelette, sondern nur Urnen mit verbrannten Menschenknochen oder, es war dieß der seltenste Fall, neben den Skeletten Grabesurnen mit solchen verbrannten und verkohlten Menschengebeinen angetroffen wurden. Wir haben also hier die Sitte des Verbrennens der Leichen neben der ihrer Bestattung und sogar in Verbindung mit der letztern, und die Sache schien mir von solcher Bedeutung, daß ich bei meinem Mißtrauen in meine eigene Urtheilsfähigkeit in solcher Angelegenheit die Objecte, welche auch jetzt noch in hinreichender Anzahl vorhanden sind, dem Gutachten sachkundiger Aerzte unterstellte, die übrigens schon beim ersten Anblick sowie bei genauerer Untersuchung, welcher letztern insbesondere Herr Regimentsarzt Dr. Volz mit großer Freundlichkeit sich unterzog, dieselben für Reste verbrannter menschlicher Leichname erklärten. Solcher Gräber zählte ich 19; sie bilden also allerdings nur ⅕ der Gesammtzahl, aber diese Erscheinung ist auch so immer noch bedeutend genug, um einen geschichtlichen Anhaltspunkt zu gewähren. Denn während bei den Römern die Leichen ausnahmsloes*) verbrannt wurden, war notorisch bei den heidnischen Deutschen Beides, das Verbrennen und das Begraben der Leichen, gewöhnlich, d. h. man findet entschieden beutliche Gräber — Grabeshügel oder Erdgräber, mit oder ohne Steinfassung — aus der Heidenzeit, in welchen Skelette liegen, und andere, in welchen in Folge der Verbrennung Aschenurnen aufbewahrt sind. Erst mit der Einführung des Christenthums hört in Folge der strengen kirchlichen Gesetze, welche den Uebertreter selbst mit Todesstrafe bedrohten, das Verbrennen der Leichname allmählich auf. Daher muß man aus dem Vorkommen der beiden Verfahrungsweisen auf einem und denselben Todtenfelde nothwendig schließen, daß es der vorchristlichen Zeit oder mindestens der Uebergangszeit vom Heidenthum zum Christenthum angehöre, in welcher etwa in einzelnen Fällen noch gewagt werden konnte, die alte heidnische vom Christenthum streng verpönte

---

*) Nur bei Kindern hielten sie es anders.
 Naturae imperio geminus, cum funus adultae
 Virginis occurrit, vel terra clauditur infans
 Et minor igne rogi.
    Juvenal. Sat. XV, 138.

Sitte des Verbrennens beizubehalten. Ganz so schließt Abbé Cochet (in der Normandie Souterraine S. 320 und bei ihm der Engländer Akerman in seinen Remains of pagan Saxondom S. 35 f.) aus dem ganz vereinzelten Vorkommen eines einzigen Falls des Verbrennens auf einem angelsächsischen Todtenacker auf einen letzten Rest angelsächsischen Heidenthums. Um wie viel mehr werden wir hiezu nicht bloß berechtigt sondern genöthigt sein, wo auf unserm Todtenfelde diese Fälle nicht bloß vereinzelt, sondern, wenn auch in bedeutender Minderzahl, doch noch häufig genug vorkommen. Ich freue mich, dem ausgezeichnetsten Forscher auf diesem Gebiete der Alterthumskunde, dem Herrn Abbé Cochet, welchem wegen eines gleichfalls ganz vereinzelten, nicht einmal ganz sichern ähnlichen Falles auf einem Merowingischen Todtenfelde die Sache noch als chose mystérieuse et inexplicable erschien, durch unsere zahlreicheren Fälle über alle etwa noch vorhandenen Zweifel hinweghelfen zu können.

Doch wenden wir uns nun zu den Skeletten selbst! Sie lagen alle das Antlitz der aufgehenden Sonne entgegengewendet. So ist der Mensch. Noch im Grabe verläßt ihn die Hoffnung nicht! Und warum sollte sie es auch? Kehrt doch die physische Sonne jeden Morgen wieder. Sollte das Vorgefühl des Heiden täuschen, daß nach der Grabesnacht ihm eine neue Lebenssonne scheinen werde? In jedem Grabe lag je nur ein Skelett, jedoch mit zwei Ausnahmen. In einem Grabe lagen zwei Skelette kreuzweis übereinander. Das war wohl ein Ehepaar, Mann und Frau, die gleichzeitig gestorben waren. Ein ähnliches Beispiel traf Abbé Cochet auf dem fränkischen Todtenfelde zu Dieppe (S. Normandie S. 405). Ein anderes Grab war vielmehr eine große Grube, die den Raum von einigen Gräbern mit ihren Intervallen umfaßte, in welcher wohl 6—8 Skelette ungeordnet, ohne Grabesbeigaben, durch- und übereinander lagen. Was war das? Waren es vielleicht Sklaven, die in diese gemeinschaftliche Grube gelegt wurden? Oder sollten hier vielleicht früher einmal Gräber geöffnet und der Grabesbeigaben beraubt worden sein? Wer kann es wissen? Ich wage keine Entscheidung. Ebensowenig ist in Beziehung auf das Geschlecht der hier Begrabenen aus der bloß physischen Beschaffenheit der Skelette ein bestimmtes Resultat zu ziehen. Das Becken war bei allen Skeletten mehr oder weniger zerstört, und nach der einstimmigen Aussage der zu Rath gezogenen Herren Aerzte ist in diesem Falle keine absolute Sicherheit der Bestimmung möglich, da es in Betreff des Knochengerüstes männlich-starke Weiber und weiblich-schwache Männer zu allen Zeiten gegeben hat. Es blieb daher als Anhaltspunkt für eine Unterscheidung der Geschlechter nur die Beobachtung der Grabesbeigaben übrig. Aber auch diese hatte ihre Schwierigkeit, insofern manche Schmuckgegenstände ganz gleicher Art sich auch bei Skeletten fanden, welche reich mit Waffen versehen waren. So blieben als entschieden weibliche Skelette nur diejenigen übrig, bei welchen gar keine eigentlichen Waffenstücke sondern nur Schmuckgegenstände sich fanden und hiernach ist das Ergebniß, daß ohne Rücksicht auf die Kinderskelette *) auf stark ⅔ männliche Skelette nur schwach ⅓ weibliche kommen, immer ein sehr auffallendes, jedenfalls unserm Todtenfelde, soviel ich weiß, eigenthümliches und mir schwer erklärliches. Denn eine angeblich ähnliche

---

*) Es waren ihrer in erkennbarer Weise verhältnißmäßig nur wenige, obwohl ich noch mehrere ziemlich wohlerhaltene Schädeltheile solcher Skelette vor mir liegen habe. Ich habe sie in der Gesammtzahl der Skelette nicht mitgezählt, theils weil sie nur in geringer Zahl erschienen, theils weil sie zwar nie unmittelbar mit andern Skeletten in einem und demselben Grabe sich fanden, aber immer unmittelbar daran. Ihr so viel selteneres Vorkommen mag sich einfach auch daraus erklären, daß die zarten Knochengebilde in der Regel viel schneller gänzlicher Zerstörung unterlagen, oder auch bei dem tumultuarischen Graben der Eisenbahnarbeiter weit weniger bemerkt wurden. Jedenfalls mußte und konnte ihre ganze Erscheinung für die Bestimmung der Zahlen- und Geschlechtsverhältnisse unter den gegebenen Umständen ganz außer Rechnung gelassen werden.

Erscheinung, welche Abbé Cochet (Sépultures S. 142) aus einer Schrift von Gosse über Todtenfelder in Savoien und dem Kanton Genf, also aus dem alten Burgund anführt, kann deswegen nicht wohl in Betracht kommen, weil die Beobachtung von einer nach der Ansicht der Sachverständigen falschen oder doch jedenfalls höchst unsichern Basis ausgeht, nämlich von der Unterscheidung der Geschlechter nach der verschiedenen Beschaffenheit der Zähne und der Nathen des Schädels. Es führt mich dieß nun aber von selbst auf die sonstige physische Beschaffenheit der Skelette, ihrer Knochenbildung überhaupt, besonders aber ihrer Schädel, weil man mit Recht erwartet, daß hieraus bei vorurtheilsfreier Beobachtung Anhaltspunkte für die Bestimmung der Rationalität, jedenfalls der Race, werden gewonnen werden können. Ich lasse hier aber, da mir selbst der Gegenstand zu fern liegt, einen Andern reden, welcher die Güte hatte, die Schädel, Knochen u. s. w., die ich beim Ausgraben aus irgend einem Grunde für aufbewahrenswerth hielt, einer genauen Untersuchung zu unterwerfen. Es ist dieß der Herr Regimentsarzt Dr. Volz, welcher sich folgendermaßen darüber ausspricht.

„Von den ausgegrabenen Resten menschlicher Skelette wurden 18 Schädel einer besondern Untersuchung unterworfen. Es fanden sich Köpfe von allen Formen und durchaus keine durchgehende Kennzeichen, welche zur Feststellung eines besondern Racentypus dienen konnten. Bloß 4 derselben lassen sich der äußern Form und dem Verhalten der Durchmesser nach in eine Gruppe bringen, während die übrigen alle auch in der jetzt lebenden Generation vorkommenden Verhältnisse darbieten. Jene 4 Köpfe sind Langschädel und zeichnen sich durch die sehr verminderten Queerdurchmesser aus. Der Schädel erscheint von beiden Seiten zusammengedrückt und deshalb in seinem Durchmesser vom Vorderhaupt zum Hinterhaupt verlängert. Stirn und Scheitel fallen zu beiden Seiten dachförmig ab. Der ausgezeichnetste dieser Köpfe ist nebenan in Holzschnitt, und Taf. III. Nr. 1. 2. in Front- und Profilansicht

 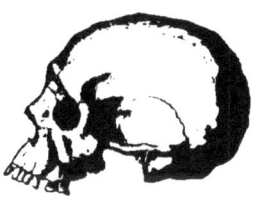

gezeichnet. Die Breite seines Mittelhauptes beträgt 4″ 2‴ = 12 cm.; während bei einer Anzahl von Schädeln aus meiner Sammlung der Queerdurchmesser des Mittelhauptes zwischen 4″ 5‴ = 13 cm. und 4″.9‴ = 14 cm. schwankt. — An einzelnen Köpfen lassen sich bei Lebzeiten empfangene Verletzungen nachweisen. An einem derselben ist Gesicht und Vorderhaupt durch einen Hieb vom übrigen Schädel getrennt. Deutlich scharfe Schnittfläche der Knochenränder. Am Hinterhaupt desselben Schädels fehlt ein thalergroßes Segment der Schädelwölbung, ebenfalls Folge eines Schwerthiebs. Ein anderer Schädel zeigt einen länglichen Knochendefect der linken Seite des Vorderhaupts. Die äußere Lage des Knochens ist exfoliirt in der Umgebung der Spalte und zeigt an, daß der Betreffende nach der Verletzung noch längere Zeit gelebt hat.

Auffallend an den meisten dieser Schädel sind die starken Schliffe auf den Zähnen. Besonders die Schneidezähne in beiden Kinnbacken sind hier nicht meiselförmig, sondern wie abgekürzte Kegel gestaltet, welche statt des scharfen Schneidrandes eine Fläche haben. An den Schädeln der ägyptischen Mumien fällt dasselbe Verhalten der Zähne auf, und Blumenbach stellte seiner Zeit die Ansicht auf, daß die Ursache dieser Gestalt in der größern Abnutzung liege, indem die alten Aegypter bei dem Kauen ihrer Speisen, welche meist aus rohen Wurzeln bestanden, diese Zähne an einander hin- und hergeschoben hätten. Ein ausgegrabener Oberschenkel mißt 17″ = 49 cm. Länge; ein zweiter ebenfalls linker 17″ 5‴ = 50 cm. 2 mm., jedenfalls imponirende Zahlen. Legt man den Carus'schen Modul behufs der Bestimmung der Körperlänge des ganzen Individuums an, so wäre, da die Oberschenkellänge 2⅓ Modul, die Körperlänge 9⅓ Modul beträgt, die muthmaßliche Körperlänge des Besitzers des ersten der genannten Schenkel 6′ 4″ 6‴ = 1 m. 81 cm. 14 mm., die des andern aber 6′ 6″ 5‴ = 1 m. 83 cm. 7 mm.*)

Was lernen wir aus dem Allem? Zuverlässig, daß wir trotz aller individueller Verschiedenheit der Schädelbildung und trotz der ansehnlichen Dimensionen der Schenkelknochen hier so gut wie in Selzen, oder in Nordendorf, oder an verschiedenen Orten der Normandie nichts Anderes als Skelette der reinen weißen, d. h. der germanischen Race vor uns haben. Sie sind — zwar nicht mehr Fleisch von unserm Fleisch aber — Bein von unserm Bein, oder wir vielmehr von dem Ihrigen. Es würde wohl nicht schwer halten, unter ein Paar Hundert Schädeln unserer Zeit auch 15 — 20 herauszufinden, die im Einzelnen unter sich sehr verschieden wären, ja vielleicht zum Theil höchst absonderliche Formationen darböten, und doch würde rücksichtlich ihres allgemeinen Charakters es Niemanden einfallen, auch ohne zu wissen, woher sie stammen, sie für etwas Anderes als für Individuen unserer, d. h. der germanischen

---

*) Ich kann mir nicht versagen, hier noch einen verwandten Gegenstand zu berühren. Der neueste (24te) Jahrgang der Jahrbücher des Vereins für Mecklenburgische Geschichte- und Alterthumskunde, herausgegeben von Archivrath Dr. Lisch, enthält auf S. 167 ff. einen interessanten Aufsatz von Professor Dr. Schaaffhausen in Bonn „zur Kenntniß der ältesten Rassenschädel" aus Anlaß eines in einer Höhle des Neanderthals bei Düsseldorf gefundenen Schädels, in welchem aus der Beschaffenheit dieses Schädels (und einiger ähnlichen) geschlossen wird, daß das betreffende Individuum einem ältern weit über das historische Alter der Germanen und Kelten zurückgehenden Autochthonenstamme angehöre. Da mir beim Anblick der Abbildung Nro. 2 auf der Tafel der Jahrbücher plötzlich einfiel, daß wir außer unsern Langschädeln des Todtenfeldes noch einen andern auffallendern und dem aus dem Neanderthale herrührenden sehr ähnlichen, gleichfalls aus einem alten Alemannen- oder Suevengrabe auf der Schwäbischen Alb bei Münsingen stammenden in unserer Sammlungen besitzen, von der Beschaffenheit sich selbst dahin äußert (S. 177), daß es von größtem Interesse wäre, zu erfahren, ob eine ähnliche Schädelbildung schon beobachtet sei, so bat ich abermals Herrn Dr. Bolz um seine Ansicht und er legte sie mir in folgender Zuschrift dar:

„Das fragliche Schädelfragment kommt in den Durchmessern und äußern Form dem von Professor Schaaffhausen beschriebenen Schädel am Meisten unter denen der Sammlung gleich: Es ist ein Langschädel und mißt von der Stirnplatte bis zum Hinterhauptshöcker 205 mm. Die Breite des Vorderhauptes beträgt nur 110 mm, jedenfalls ein auffallendes Mißverhältniß. Die Knochen sind sehr dick, das Scheitelbein in der Nähe der Hinterhauptsschuppe 9 mm, das Stirnbein an der Nasenwurzel 22 mm dick. Die Augenbrauenbogen sind stark gewölbt und das Stirnbein flach zum Scheitel aufsteigend. Das Vorspringen der Augenbrauenbogen ist zwar nicht so bedeutend, wie beim Schädel aus dem Neanderthal, doch zeigen beide eine unverkennbare Aehnlichkeit. Die Behauptung des Dr. Schaaffhausen stützt sich vorzugsweise auf diese auffallende Form des Stirnbeins, während in den Umständen der Auffindung nichts vorliege, was das vermuthete hohe Alter der Knochen bestätige oder beweise; die Umstände der Auffindung sind aber gewiß die Hauptsache zum vollen Beweise des Alters. Die äußere Form Eines Schädels erlaubt nicht, auf die Existenz eines Autochthonenstammes zu schließen, der mit solcher abweichenden Form versehen war."

Race zu erklären. Was aber die Körpergröße betrifft, so sind auch jetzt noch ungewöhnlich große Gestalten zwar wohl die Ausnahme von der Regel, aber nicht gerade eine Seltenheit. Immerhin mag früher, nach den vielfachen ausdrücklichen Zeugnissen der griechischen und römischen Schriftsteller, z. B. des Cäsar, Strabo, Appian, und für die spätere hier zunächst in Betracht kommende Zeit, des Ammian und Sidonius Apollinaris, das Verhältniß bei den germanischen Stämmen ein anderes, ja, gegenüber von der Gegenwart ein umgekehrtes gewesen sein, dessen Größe wahrscheinlicher Weise in der Einbildungskraft der Römer durch das allerdings ungeschlachte Benehmen der Germanen sich zum Ungeheuerlichen steigerte. Denn die Germanen hatten schon seit ihren ersten südwärts strebenden Zügen, als Cimbern und Teutonen, Rom erbeben gemacht; selbst der große Cäsar, dessen Soldaten gewaltigen Respect vor den riesigen Genossen Ariovists, meist jenischen Stammes, hatten, vermochte nicht, auf ihrem eigenen Grund und Boden ihnen Etwas anzuhaben; des Varus Legionen fühlten ihre Streiche im Teutoburger Walde bis zur Vernichtung, und wenn die Franken als falsche Gesellen, die Burgunder von Sidonius Apollinaris als langhaarige 7′ hohe Patrone geschildert werden, die nach Lauch und Zwiebel rochen (s. Stälin Wirtemberg. Gesch. L. S. 156), so erscheinen vollends — was hilft es, zu läugnen — unsere eigensten Vorfahren, die Alemannen, als die allerschlimmsten, als Trunkenbolde, wilde Räuber, deren Zerstörungswuth, nachdem sie einmal den Grenzwall übersprungen hatten, alle Cultur, vorab alle städtische, durch Mord und Brand mit Stumpf und Stiel ausrottete, und etwa nur noch von den Weibern ihrer rätischen Nachbarn übertroffen wurde, welche, der Nationalsitte gemäß mit in den Krieg ausziehend, in einem verzweifelten Gefechte ihre eigenen Säuglinge den römischen Feinden ins Gesicht warfen. Was Wunder, wenn sie für die Römer ungeheuerliche Erscheinungen waren!

Mit der Frage nach der Körpergröße der lebendigen Eigenthümer unserer Skelette steht nun in nicht zwar nothwendigem aber doch sehr natürlichen Zusammenhange die weitere Frage nach ihrer Körperstärke. Ohne Zweifel werden wir annehmen dürfen, daß es kräftigere Naturen waren, als die jetzt lebenden Geschlechter, und wir werden zu dieser Annahme berechtigt sein auch ohne näher auf die Frage nach dem Fluorgehalt der Knochen unserer Skelette einzugehen, eine Frage, über welche die Werke von Abbé Cochet interessante Mittheilungen enthalten (s. besonders Sépultures S. 14 ff.), welche wir aber deshalb bei Seite liegen lassen, weil nach der Ansicht anderer Sachverständigen — auch die Richtigkeit der Thatsachen zugegeben — die daraus gezogenen Schlußfolgerungen wegen der Möglichkeit und Wahrscheinlichkeit der verschiedenartigsten Einflüsse des Bodens u. s. w. auf die Beschaffenheit der Knochen, und ebendamit auf den Fluorgehalt derselben keineswegs sich mit Nothwendigkeit ergeben würden.

Indem wir

III.

zu den Grabesbeigaben übergehen, verlassen wir nicht zugleich den Begriff des Skeletts, denn in vier Gräbern, in welchen reich mit Waffen ausgerüstete Männer lagen, fanden sich zugleich je ein Pferdeskelett und zwar gleichmäßig mit Ausnahme des Kopfes. Wer sollte sich hier nicht der Aussage des Agathias erinnern, daß die Alemannen ihren Göttern verschiedene Thiere, insbesondere Pferde und Ochsen opferten, und das beste Stück, das Haupt, dem Gotte heiligten, das übrige Fleisch aber in der Opferversammlung verzehrten? Hätten wir etwa hier noch eine Spur dieser Sitte in der Art, daß ein Leichenopfer dargebracht, das Lieblingspferd des Verstorbenen geschlachtet, das Haupt dem Gotte geweiht, das Uebrige aber dem Todten ins Grab mitgegeben wurde? Ein bloßer Zufall ist hier doch kaum denkbar, übrigens wage ich nicht, zu entscheiden.

Denn ich darf nicht verschweigen, daß in einem fünften Grabe der Unterkiefer eines Pferdes gefunden wurde, welcher von den Herren Medicinalrath Dr. Hering und Regimentspferdearzt Dr. Zipperlen, deren Güte ich die Bestimmung der thierischen Ueberreste überhaupt verdanke, für den einer Stute erklärt wurde. Solcher thierischen Ueberreste nun fanden sich in den Gräbern gar mancherlei, welche freilich bei dem unvermeidlich tumultuarischen Charakter der Grabarbeiten größtentheils verschleudert wurden, doch ist des Wichtigern genug geborgen und in unsern Händen. So z. B. Eberzähne, von denen es fast scheint, daß sie zu irgend einem häuslichen Gebrauch, etwa als Glättinstrumente verwendet wurden (s. Taf. III. Nr. 15. 16.), Pferdezähne, Hundezähne, der Zahn eines kolossalen Bären, der noch in einem ansehnlichen Theil des Kiefers steckt, auf welchem sich der Rest eines Bronzeplättchens von nicht mehr zu bestimmender Eigenschaft aufgenagelt findet; der Zahn eines Wiederkäuers, der für einen Hirsch zu groß ist und vielleicht von einem Elch oder Wisend herrührt, Thiergeschlechter, welche in alter Zeit in diesen Gegenden zu Haus waren und den ich, um vielleicht eine nähere Bestimmung zu erhalten, auf Taf. III. Nro. 14 abbilden ließ. Von besonderem Interesse waren weißliche gelbgefleckte Schaalen von — ich weiß nicht, was für — Vogeleiern, welche sich in einem kleinen Töpfchen freilich ganz klein gedrückt und zermalmt, aber durch einen darüber liegenden Scherben geschützt doch unvermischt erhalten hatten. In vielen Gräbern fanden sich zahllose Schnecken oder vielmehr Schneckengehäuse der kleinsten Art; ich gestehe aber offen, ihnen keine besondere Beachtung geschenkt zu haben, da ich nicht anders annahm, als daß sie die ausgestorbenen Wohnungen von Thierchen seien, welche diesem Boden überhaupt von Haus aus angehören.

Der Aufzählung und Beschreibung der sonstigen einzelnen Gräberfunde, zu welcher ich sofort übergehe, darf ich nicht unterlassen, die allgemeine Bemerkung vorauszuschicken, daß die Waffen alle ausnahmslos, die übrigen metallenen Geräthe aber, abgesehen von den Schmuckgegenständen, fast ausnahmslos von Eisen sind.

In erster Linie kommen hier in Betracht die Waffen. Es fanden sich große Schwerter, darunter ein Paar recht gut erhaltene, zweischneidig, alle noch mit mehr oder weniger bedeutenden Ueberresten ihrer ehemaligen Holzscheiden (Birkenholz). Das auf Taf. I. Nr. 1. abgebildete zeigt noch, obwohl aus dem Griff herausgefallen, den Schwertknopf (Taf. I. Nr. 1. a. b.) von Gold und einen Theil des Goldblechs, welches die Hülse des Griffs bildete (Taf. I. Nr. 1. c.). Diese großen Schwerter lagen mit Ausnahme eines einzigen, welches rechts lag, die Spitze abwärts gekehrt auf der linken Seite der Skelette.

Anders verhielt es sich mit den sogenannten Skramasaxen, den kurzen einschneidigen Waffen mit starkem Rücken, von welchen ich aus einer großen Anzahl auf Taf. I. Nr. 2. 3. 4. einige abbilden ließ. Diese lagen, soweit meine Beobachtung reichte, mit welcher die Aussage der Arbeiter für die übrigen Fälle zusammenstimmt, alle auf der rechten Seite der Skelette, wo oft noch neben dem rechten Oberschenkel die Hand des Todten den Griff des Skramasax zu halten schien. Diese Skramasax, d. h. Kampfmesser, welche wesentlich als Stoßwaffe gedient zu haben scheinen, mit ihren Giftrinnen, sind, wie schon Lindenschmit richtig bemerkt, nichts Andres als die cultri validi des Gregor von Tours (IV. 46.), mit welchen die Königin Fredegunde den König Sigibert zu Vitry im Jahre 575 durch ihre Diener ermorden ließ. Sie finden sich, in der Hauptsache überall einander ähnlich, in allen Gräbern der Franken, der Angelsachsen, der Burgunder und der Alemannen, und dürften wohl die Waffe des gewöhnlichen germanischen Kriegers gewesen sein, während die viel seltener vorkommenden großen zweischneidigen Schwerter vielleicht den Führern gehörten. Ihre Längendimensionen sind sehr verschieden, so daß es beinahe scheint, es seien für den individuellen Bedarf jedes einzelnen Kriegers die einzelnen Waffen angefertigt worden, und ich kann deswegen kaum annehmen, daß der ohnehin schwache kreisförmige Eindruck, oben am Uebergang der Klinge in den Griff (auf Taf. I. Nr. 2.) ein Fabrikzeichen darstelle; so gar nichts fabrikmäßig Gleichförmiges ist in diesen und — den übrigen Waffen. Er wird wohl nur eine zufällige Folge des Rostes sein. Auf allen Stramasaxen, welche ich reinigte, fanden sich die sogenannten Giftrinnen (s. Taf. I. 2.), und es mag bei dem ausdrücklichen Zeugnisse der Geschichte wohl nicht in Abrede gestellt werden, daß diese Rinnen in einzelnen Fällen dazu benützt wurden, Gift aufzunehmen, um den von der Waffe Getroffenen um so gewisser dem Tode zu weihen. Aber das waren doch sicherlich nur Ausnahmsfälle, weil ein solches Verfahren für den gewöhnlichen Kampf gar nicht nöthig und die Waffe ohnehin gefährlich genug war. Mir scheinen diese Rinnen mehr den Zweck gehabt zu haben, das Blut selbst, wenn die Waffe gebraucht worden war, von der übrigen Klinge gleichsam abzuleiten und zu sammeln, um sie um so leichter reinigen zu können.

In auffallendem Gegensatz gegen den Reichthum an Waffen der eben beschriebenen Art stehen die zwei Streithämmer (Taf. I. 5. 6.), die einzigen, welche in unsern Gräbern sich fanden. Der erste (Taf. I. 5.), genau die Form der Francisca, welche im Grabe Childerichs I. gefunden wurde, lag am rechten Fuße des Skeletts neben einer Lanzenspitze; die Lage des andern vermag ich nicht näher zu bestimmen, da ich bei der Auffindung nicht zugegen war.

Von Speereisen oder Lanzenspitzen in verschiedenen, zum Theil sehr großen Dimensionen fanden sich noch viele gut erhaltene Exemplare. Sie lagen meist unten an dem rechten Fuße des Skeletts, die Spitzen abwärts gekehrt; einige wenige ebenso links. Auf Taf. I. 7. 8. 9. sind 3 Exemplare abgebildet; es sind die Formen, auf welche die übrigen mehr oder weniger sich zurückführen lassen. Die größte von ihnen, Fig. 7. und 7. b., zeigt im Halse einen durchlaufenden Nagel oder Stift, welcher offenbar an diese Stelle erst gebracht sein konnte, nachdem der Lanzenschaft bereits in den Hals eingefügt war, um ihn um so fester darin zu halten. Es ist aber außen am Hals weder auf der einen noch auf der andern Seite eine Spur davon zu finden, wie der Nagel eingetrieben wurde.

Wenden wir uns zu den Pfeilen, von welchen einige Exemplare, welche man als die Typen der übrigen betrachten kann, sich auf Taf. I. 21. 22. 23. 24. abgebildet finden. Ich rede von Pfeilen, gerade wie die Andern auch davon reden; aber ich gestehe, daß ich nicht recht an sie glaube. Zwar weiß ich recht wohl, daß Pfeilspitzen dieser und ähnlicher Art während des ganzen eigentlichen Mittelalters vielfach vorkommen, aber eine ganz andere Frage ist die, ob der Gebrauch von Pfeilen auch zu der Zeit gewöhnlich war, um welche es sich hier handeln wird, und ob die Eisenspitzen, welche wir in diesen und ähnlichen Gräbern finden, von Pfeilen herrühren. Um von den letzten Punkte auszugehen, so scheint mir — selbst auf die Gefahr hin, eine paradoxe Behauptung aufzustellen — mit Rücksicht auf die Beschaffenheit unserer Gräberfunde das Vorkommen von Pfeilen in Abrede gestellt werden zu müssen. Der Pfeil setzt den Bogen und den Köcher voraus. Nirgends aber findet sich in unsern Gräbern von dem Einen oder Andern auch nur die mindeste Spur. Aber wollte man selbst annehmen, was doch eben nicht wahrscheinlich ist, daß weder an dem einen noch an dem andern eiserne Bestandtheile, Beschläge u. s. w. gewesen, sondern daß sie ganz von Holz oder sonst vergänglichem Stoffe gewesen seien, oder daß zufälligerweise Bogen und Köcher nie in das Grab mitgegeben worden sei; so erheben sich andere auf dem Zeugnisse der alten Schriftsteller ruhende Schwierigkeiten, welche, wie mir scheint, für die Verneinung dieser Waffe entscheidend sind. Schon aus der Stelle bei Tacitus*) geht hervor,

---

*) Rari gladiis aut majoribus lanceis utuntur; hastas vel ipsorum vocabulo frameas gerunt, angusto et brevi ferro, sed ita acri et ad usum habili, ut eodem telo, prout ratio poscit, vel cominus vel eminus pugnent. Et eques quidem scuto frameaque contentus est; pedites et missilia spargunt, plures singuli, atque in immensum vibrant. Tacit. Germ. C. VI.

daß auffer der seltenen größern Lanze — einer bloßen Stoßwaffe — die minor lancea, die hasta, welche die Germanen selbst framea nannten, bei der Reiterei im Gebrauch war, mit welcher sie in der Nähe oder aus der Ferne kämpften, die also nach Umständen auch geworfen wurde. Das Fußvolk aber, heißt es, entsendete Wurfgeschoße, jeglicher mehrere, und wußte sie in ungeheure Weite zu schwingen. Daß dieß auf Pfeil und Bogen nicht paßt, ist sonnenklar, denn Pfeile braucht man nicht bloß einige oder mehrere, sondern viele, ganze Köcher voll. Und Pfeile werden nicht geschwungen oder geschleudert. Das Letztere paßt vortrefflich zu dem Schwingen und Schleudern von Steinen und Kugeln, wovon Tacitus an einer andern Stelle spricht (Histor. V. 17.), und ich möchte deßhalb nicht mit meinem verehrten Freunde Gerlach (im Commentar zu Tacitus Germania S. 94.) diese Stelle in Verbindung mit einer andern (Histor. IV. 61.) als „selbstverständlichen" Beweis auch für Pfeil und Bogen anführen, da selbst in der Lettern bloß davon die Rede ist, Civilis habe seinem Söhnlein einige der Gefangenen (Römer) überlassen, um sie mit Kinderpfeilen und Kinderwurfspeeren zu durchbohren, eine Aussage, wodurch desselben Schriftstellers allgemeines und bestimmtes Zeugniß über die Bewaffnung der germanischen Krieger im Kampfe gewiß nicht geändert wird. Wollte man aber auch in dieser Beziehung anderer Ansicht sein, wollte man noch weiter gehen und sogar behaupten, die Aussagen des Tacitus finden keine Anwendung auf eine mehrere Jahrhunderte spätere Zeit; so tritt uns für diese noch spätere Zeit gerade ein unverdächtiger Zeuge, ein Zeitgenosse der Kämpfe der verbundenen Franken und Alemannen in Italien während des VI. Jahrhunderts, ein Kenner der Kriegskunst, Agathias († um 580) entgegen, welcher (Agath. 2, 8. 40.) ausdrücklich sagt, diese germanischen Stämme hätten auffer Schwert und Schild eine zweischneidige Streitart und eine eiserne Stoß- und Wurfwaffe mit Widerhaken — den Angon — geführt, Bogen und Schleuder und dergleichen Ferngeschoße aber seien bei ihnen nicht in Uebung gewesen. (Vgl. auch Stälin, Wirt. Gesch. I. S. 159. f.) Wie über diese ganz bestimmte Aussage eines Zeitgenossen unserer Alemannen — es sei mir erlaubt, diesen Punkt hier vorläufig zu anticipiren — und eines Sachkenners hinwegzukommen sei, vermag ich nicht einzusehen. Denn selbst wenn man geneigt sein könnte, anzunehmen, daß die germanischen Stämme da, wo sie mit den Römern unmittelbar in Berührung kamen, Manches auch in der Bewaffnung von ihnen angenommen und also vielleicht ausnahmsweise Pfeil und Bogen geführt haben, so wird als die nicht anzufechtende Regel stehen bleiben, was Agathias sagt. Aber, wird man mir entgegenhalten, du hast ja solche Pfeilspitzen gefunden und eine Anzahl derselben abbilden lassen. Ich antworte: das sind eben keine Pfeilspitzen, sondern das sind die Eisenspitzen der im Gegensatz gegen die major lancea und die framea leichteren Wurfspeere des Fußvolks, von denen schon Tacitus sagt (a. a. O.): podites et missilia spargunt atque in immensum vibrant; das ist die von Agathias erwähnte Wurfwaffe, welche, wenn sie an der Spitze Widerhacken hatte, und vielleicht ganz, also auch der Schaft, von Eisen war, vorzugsweise den Namen des Angon führen mochte. So erscheint der merovingische König Theodebert auf seinen Goldmünzen mit dem über die Schulter liegenden Angon in der rechten Hand (S. Cochet, Sépultures S. 218.); so fanden sich mit eisernem Schaft und mit Widerhaken einige wenige Exemplare in fränkischen Gräbern. Aber, wenn man auch zugeben will, daß die ganz eisernen Exemplare selten waren und vielleicht, gleich den großen Schwertern, nur von den Führern gebraucht wurden; so ist es einleuchtend, daß die Sache selbst dadurch keine andere wurde, wenn statt der eisernen Schäfte in den Hülsen der Eisenspitzen hölzerne Schäfte von derselben Länge und von hartem schwerem Holze steckten, wie dieß in unsern Exemplaren noch zu sehen; ja, daß die Sache auch noch keine andere wurde, wenn die Waffe als Wurfwaffe ihre Eigenschaft nicht im Mindesten verlor, selbst wenn sie — unter übrigens gleicher Voraussetzung des langen hölzernen Schaftes von hartem Holze — eine einfache Eisenspitze ohne Widerhacken hatte. Die Lage dieser Eisenspitzen mit ihren zum Theil noch erhaltenen Schäften aber war dieselbe wie die der Lanzen, nur daß sie nicht neben dem rechten Unterfuße der Skelette, sondern zwischen den Füßen sich fanden (f. auch die Abbildungen bei Lindenschmitt), und wenn sich in einzelnen Fällen ein Paar oder einige solche Eisenspitzen in einem Grabe beisammen fanden (f. Cochet, Normandie S. 285.), so paßt dieß ganz zu des Tacitus: plura singuli, und lag ganz in der Natur der Dinge, weil es sich ja um Wurfgeschosse handelt, wie denn auch jetzt noch bei Wilden Einzelne mit ganzen Bündeln von Wurfspießen erscheinen. Endlich darf ich nicht unterlassen, auch noch auf die große Mannigfaltigkeit dieser Eisenspitzen in den Dimensionen und Formen aufmerksam zu machen, eine Erscheinung, welche, wie wir bereits bei den Framäaxen und den Lanzenspitzen gesehen haben und im Verlaufe dieser Darstellung noch oft begegnen werden, bei allen möglichen Geräthen der germanischen Stämme immer und immer wiederkehrt und einestheils ein Ausdruck des überwiegenden und nur allzustarken Individualitätstriebs der Germanischen Race zu sein scheint*), anderntheils in den einfachen Zuständen eines höchst primitiven Lebens seine Erklärung findet, wo jeder Einzelne, was er unmittelbar bedarf, auch sich selbst beschafft und zwar so beschafft, wie er es bedarf.

Indem ich mir nicht verberge, daß meine Ansicht über die angeblichen Pfeile und die Wurfwaffe unserer ältesten geschichtlichen Vorfahren mannigfachem Widerspruch um so mehr begegnen werde, je hartnäckiger man vorgefaßte Meinungen festzuhalten liebt, welche das Recht der Verjährung für sich haben; so glaube ich, daß ich zunächst Herrn Abbé Cochet für meine Ansicht gewinnen werde. Er selbst war in der 2ten Ausgabe der Normandie Souterraine schon ganz auf der richtigen Fährte und wurde erst durch das Auffinden von Wurfspeeren mit Widerhacken, an welchen auch die Schäfte ganz von Eisen waren, davon abgebracht, da er in diesen nun den unzweifelhaften Angon des Agathias erkannte. Da aber derselbe Agathias den Gebrauch der Pfeile und Bogen ausdrücklich läugnet, so wird Herr Abbé Cochet ohne Zweifel geneigt sein, anzuerkennen, daß durch die Anwendung der Holzschäfte statt der Eisenschäfte, welche sich ohnehin aus dem seltenern und theurern Eisen erklärt, sowie durch die Abwesenheit der Widerhacken, welche übrigens in nahezu der Hälfte der uns vorliegenden Eisenspitzen vorhanden sind, in dem Charakter des Wurfgeschosses als solchem nichts geändert wird, da auch die Dimensionen unserer Eisenspitzen vollkommen dieselben sind, wie an der in den Sépultures (a. a. O.) abgebildeten vollständig eisernen Waffe, während andererseits die Benennung Angon auf die letztere beschränkt bleiben mag. **)

---

*) Schon im Jahre 1856 hatte ich auf diese eigenthümliche Erscheinung in der Versammlung der Geschichts- und Alterthumsforscher zu Berlin aufmerksam gemacht, wie aus den Protokollen der I. Section derselben im Correspondenzblatt des Gesammtvereins zu ersehen ist. Nun finde ich zu meiner großen Befriedigung, daß auch Herr Abbé Cochet neuerdings in seinem letzten Werke (le tombeau de Childéric p. 140.) ganz dieselbe Ansicht ausspricht. Er sagt: Pour quiconque a un peu étudié l'archéologie franque, il est un fait parfaitement démontré, c'est qu'au milieu de cette similitude générale, disons mieux, avec cette physionomie commune que présentent partout les armes de la grande famille teutonique, qu'on l'appelle franque, saxonne, burgonde, etc., il y a aussi partout tant de nuances dans les types et une telle variété dans les individus, qu'il serait vrai de dire, qu'à la rigueur, aucune arme ne ressemble parfaitement à l'autre. Il n'en était pas des armes anciennes, comme des nôtres, qui fonctionnent toutes avec une régularité parfaite, et qui semblent taillées sur le même patron ou fondues dans le même moule. Chez eux, la taille et la forme des armes varient comme celles de l'individu. Il est évident qu'il n'y avait rien d'officiel, ni de réglementé dans les armes de ce temps, tout était libre et individuel. Je n'ai la cette remarque nulle part, mais je suis convaincu qu'aucun fait ne viendra la démentir, ni qu'aucun archéologue instruit ne la contredira.

**) Im Augenblicke, wo ich dieß geschrieben, fällt mein Auge auf die Nachbildung eines höchst interessanten Miniaturgemäldes aus einem angelsächsischen Psalter des IX. Jahrhunderts (Normandie S. 295.), den Engelkampf darstellend. Keine Spur von Köcher, Bogen und Pfeil: die Kämpfer haben keine andere Angriffswaffe als eben

Es ist nur noch eine Waffe, oder vielmehr ein Waffentheil kurz zu berühren, der umbo, **Schildnabel**, Schildknopf oder Schildbuckel, von welchem wir mehrere in Form und Größe zwar nicht ganz, aber doch ziemlich ähnliche Exemplare vorfanden, deren eines auf Taf. I. 11 und 12. von Außen und von Innen (Unten) gesehen abgebildet ist.*) Die Nägel, mit welchen der Nabel auf dem hölzernen Schilde befestigt war, sind von Bronze, an der Eisenstange, welche gegen den Schildrand läuft, sind noch Spuren vom Holze des Schildes. In demselben Grabe, in welchem dieser Schildnabel an der linken Seite des Skeletts lag, fanden sich noch Eisentheile von der auf Taf. I. 13 und 13 b. abgebildeten Form. Ich möchte sie deshalb für Reste einer eisernen Einfassung des Schildrandes halten. In diesem Falle mußte der Schild eine ovale Form haben, eine Annahme, welche keinem Anstand unterliegen kann. Uebrigens könnten diese Eisentheile auch von der Einfassung des untern Theiles der Schwertscheide herrühren, denn in demselben Grabe lag eines der großen Schwerter. Dann liegt die Annahme näher, daß gleich dem Nabel der Schild selbst auch die runde Form hatte.

An die Beschreibung der Waffen mag sich schicklicherweise die Aufzählung der wenigen Gegenstände anreihen, welche auf die Pferde Bezug haben. Es sind ein **Sporn** (Taf. I. 10.), bekanntlich ein seltenes Fundstück in solchen Gräbern, jedoch nicht ohne Beispiel, eine **Trense** (Taf. I. 14.), fast von derselben Form wie die bei Lindenschmitt und Cochet abgebildeten, das Stück einer Kette, welche vielleicht einen Theil des Zaumes bildete (Taf. I. 15.) und ein **Hufeisen** (Taf. I. 17.). Es ist zu bemerken, daß alle diese Gegenstände nicht in denjenigen Gräbern lagen, in welchen die Pferdeskelette gefunden wurden. Die drei erstern geben auch zu keiner weitern Bemerkung Anlaß; anders verhält es sich mit dem Hufeisen. Es wurden mir außer diesem Hufeisen noch zwei andere gebracht und ein Steigbügel, als angeblich in den Gräbern gefunden. Der letztere, gleichfalls von Eisen, aber mit einem Kupferzusatze und von allerdings eigenthümlicher Form, wurde von mir ohne Weiteres bei Seite gelegt, nicht bloß, weil ein so frühes Vorkommen von Steigbügeln etwas Unerhörtes wäre, sondern auch und besonders, weil ich beim Auffinden nicht zugegen gewesen war und keinerlei Bürgschaft für die Richtigkeit der Angabe hatte. Aus dem gleichen Grunde nehme ich auch von den beiden Hufeisen, die mir ohnedieß viel zu modern erschienen, vollständig Umgang. Wie leicht konnten sich aus den mittlern und neuern Zeiten verlorne Hufeisen auf diesem Boden finden, der so oft vom Hufschlag sich bekämpfender Reiterschaaren erdröhnte! Nicht das Gleiche darf ich bei dem zuerst erwähnten Hufeisen thun, denn dieses wurde an dem ersten Tage, wo ich mich auf dem Todtenfelde einfand, in meiner Anwesenheit gefunden und es ist fast undenkbar, daß es erst beim Aufgraben unbemerkt in das Grab hineingefallen wäre. Auch ist es ja in der Form und noch mehr in der Größe von den jetzigen Hufeisen wesentlich verschieden. Auch würde die Sache wohl nicht dem mindesten Anstand unterliegen, da man bisher auf dem Grund der Ansichten von Chiflet (Anastasis Childerici I. S. 221 fl.) und Montfaucon (Monumens de la Monarchie française, t. I. pl. V. fig. 4.) von dem Vorkommen eines Hufeisens im Grabe Childerichs nicht daran zweifelte, daß Hufeisen von ähnlicher Form in jener Zeit bereits wenigstens hie und da im Gebrauch gewesen seien. Allein Abbé Cochet selbst hat, offenbar verführt durch andere

---

unsere leichtern Wurfspeere (missilia spargunt), von welchen der Einzelne mehrere zu versenden hat (plura singuli). Der oben stehende Engel hat mindestens zwei schon abgeschossen, einen schwingt er eben mit der rechten, einen weitern hält er in der linken Hand bereit. Die Kämpfer decken sich mit ovalen, gebauchten Schilden, in deren Mitte der umbo.

*) Die Eisenstange, welche vom Schildnabel an den Rand läuft, ist durch Versehen in der Zeichnung etwas zu lang ausgefallen.

französische Schriftsteller, in seinem neuesten Werke (Le tombeau de Childérie Ier. S. 159—165.) nicht allein den Hufeisenrest im Grabe Childerichs sondern auch alle übrigen Beispiele vom Vorkommen solcher Hufeisen als nicht hinlänglich beglaubigt mehr oder weniger in Zweifel gezogen. Doch vor einem in einem keltisch-römischen Grabe zu Souvry gefundenen macht sein Zweifel einen kleinen Halt (a. a. O. S. 158.), und vor einem zweiten zu Yébleron in einem keltisch-römischen oder keltisch-fränkischen Grabe gefundenen bleibt er entschieden unentschieden stehen. Nun gut! hier ist ein drittes Beispiel aus einem alemannischen Grabe, welches um so schwerer ins Gewicht fallen dürfte, je mehr es den beiden andern, namentlich dem letztern in Form und Größe ähnlich ist. So dürften wir nun rückwärts schließend auch den Hufeisenrest im Grabe Childerichs wieder in sein Recht einsetzen, der, nach seiner Reconstruction bei Cochet zu urtheilen, in Größe und Form sich den übrigen anschließen würde, und das Gleiche dürfte bei den übrigen Funden der Art der Fall sein, sofern ihr Alter oder ihre Aechtheit nicht aus besondern Gründen angezweifelt werden muß. Nur ein Bedenken, in welchem ich auch durch Herrn Medicinalrath Dr. Hering bestärkt wurde, bleibt mir noch zurück. Alle diese Hufeisen sind von sehr geringen Dimensionen und setzen eine kleine, unansehnliche Pferderasse voraus, was ganz gut zu dem Zeugnisse des Tacitus (Germania Cap. 6.) „equi non forma conspicui", paßt, sowie auch der Unterkiefer der Stutte, welchen wir aufbewahren, von einem kleinern Thiere herrührt. Aber wie sollten die großen Gestalten mit ihren langen Beinen auf diesen kleinen Pferden haben reiten können, ohne mit den Füßen auf dem Boden aufzustoßen? Herr Medicinalrath Dr. Hering ist deshalb der Meinung, daß diese kleinen Hufeisen, welche, beiläufig gesagt, hier sonst auch tief unter dem Straßenpflaster der Stadt gefunden wurden, nicht von Pferden, sondern von Eseln herrühren, auch wegen der tiefgehenden Nägel derselben, die beim Pferdehuf nicht wohl anwendbar gewesen wären. Aber König Childerich wird doch nicht auf einem Esel geritten sein? Gott weiß es!

Indem ich zu den Geräthen übergehe und zwar zunächst zu den eisernen, wird es nicht nöthig sein, lange bei den Messern zu verweilen, von welchen zwei auf Taf. I. 18 und 19. abgebildet sind, das letztere aus einem Kindergrabe. Sie fanden sich in großer Anzahl, durchschnittlich in jedem Grabe wenigstens eines, bald auf der Brust, bald in der Gegend des Beckens, bald auf den Seiten liegend, durchaus einschneidig, von ebenso verschiedener Form, wie die Skramasare, und, was noch belangreicher ist, von ebenso verschiedener Größe wie diese, so daß es häufig sehr schwierig, ja selbst unmöglich sein wird, zu entscheiden, ob ein kleiner Skramasar oder ein großes Messer vorliegt, oder wie sonst die Grenzlinie zwischen beiden gezogen werden muß. Sollte vielleicht der Unterschied in der sogenannten Gifttrinne liegen (s. oben S. 13.), so daß alle Skramasare sie hätten, wie klein sie auch wären, die Messer aber sie nicht hätten? Um hierüber einige Gewißheit zu erhalten, müßte man sämmtliche Exemplare der einen und der andern Art reinigen, was ich bei der Gefahr, die hiemit für die Erhaltung des einen oder andern verbunden wäre, nicht wagen wollte.

Eine ganz isolirte Stellung nimmt das zweischneidige auf Taf. I. 20. abgebildete vereinzelt vorkommende Instrument ein. Ist es vielleicht ein Dolch?

Das auf Taf. I. 16. abgebildete Instrument war ich Anfangs sehr geneigt für ein zweites Exemplar des bei Lindenschmitt unter Nr. 10 vorkommenden Messers mit zwei Handhaben zu halten, einer sogenannten Wiege, wie es noch bei unsern Hausfrauen heißt und hauptsächlich zum Kleinschneiden der Leber u. dgl. gebraucht wird. Allein bei näherer Untersuchung fand ich, daß das Eisenblech, aus welchem es besteht, doppelt sei, und zwischen der obern und untern Platte sich noch starke Holzspuren befinden. Dieß überzeugte mich, daß wir hier nichts als das Beschläg einer sogenannten Reutschaufel vor uns haben, eines zum Ausreuten des Unkrautes in den Gärten, Weinbergen u. s. w. angewendeten, bei unsern Landleuten noch gebräuchlichen, ganz aus Holz bestehenden Grabinstruments, dessen unterer Theil behufs des leichtern Eindringens in den Boden oder des Abschürfens desselben mit Eisen so beschlagen ist, daß die hölzerne Schaufel selbst im Eisen steckt.

Unter der Benennung Fiche-patte spricht Abbé Cochet an vielen Stellen seiner Werke (f. besonders Normandie p. 253. vgl. mit Taf. XIV. fig. 8. 9. Sépultures p. 161. 168. und anderwärts) von einem Eisengeräthe, wie es auch in unsern Gräbern zerstreut sich vielfach vorfand und wie ich zwei Exemplare auf Taf. I. 25 und 28. abbilden ließ. Der gelehrte Forscher erklärt Anfangs, schlechterdings nicht zu wissen, für was die Gegenstände zu halten seien, schwankt dann zwischen Fischbändern, Schrauben, Pfropfziehern und scheint sich endlich für Bohrer erklären zu wollen. Sie sind nichts von Alle dem; auch mir ist es, wie dem Herrn Abbé Cochet ergangen; 2 Jahre lang stand ich rathlos vor den unerklärlichen Dingern, fragte bei allen Handwerksleuten vergebens nach und tröstete mich endlich mit dem solamen miserum socios habuisse malorum. Plötzlich wurde mir ihre Bestimmung durch zufällige Vergleichung mit den auf Taf. I. 26 und 27. abgebildeten Gegenständen klar. Es sind eine Art Nägel, durch welche die Handhaben hölzerner Kästchen oder anderer hölzerner Geräthe in die Deckel oder Seitenwände solcher Kästchen eingetrieben und in der Art aufs Solideste in dem Holze befestigt wurden, daß die eingetriebenen Nägel an ihren Spitzen nach beiden Seiten umgebogen oder umgenietet wurden, so daß sie, ohne abgebrochen zu werden, auf keine Weise mehr herausgezogen werden konnten. Es wird dieß vollkommen deutlich werden durch Vergleichung von Figur 27 und noch mehr von 26. Oben, am Kopfe, waren diese Nägel umgebogen, so daß sich eine Oeffnung bildete, in welche die eigentliche Handhabe, welche wohl auch von Holz sein konnte, in unsern Fällen aber von Eisen, und zwar bei Nr. 26 von elegant gewundenem Eisen war, eingefügt wurde. Das Umbiegen oder Umnieten der in das Holz eingetriebenen Nägel nach beiden Seiten scheint dadurch erleichtert worden zu sein, daß schon beim Schmieden derselben darauf Rücksicht genommen wurde. Wenigstens zeigt Figur 28 nur die eine Längenhälfte des (übrigens nur oben bohrerartig gewundenen) Nagels oder Stifts und es läßt sich dieses Spalten desselben der Länge nach nur durch das Zusammenschweißen desselben aus zwei Theilen erklären, die um so leichter auch zum Zwecke des Umbiegens oder Umnietens nach zwei Seiten wieder getrennt werden konnten. Vielleicht wird Herr Abbé Cochet jetzt geneigt sein, auch in den Figuren 3. 4. 5. der Tafel XIV. in der Normandie souterraine nun auch keine Schlüssel mehr, sondern einfach die unten umgenieteten Kameraden der Figuren 8 und 9. jener Tafel zu erkennen.

Scheeren (f. Taf. II. 7.), wie sie noch bei uns auf dem Lande zum Scheeren der Schaafe gebraucht werden, und ein Feuerstahl (Taf. II. 3.), der in Verbindung mit den Feuersteinen, welche vielfach auch zugleich mit Schleif- oder Wetzsteinen in den Gräbern gefunden werden, jetzt noch seine Dienste thun kann, geben zu keinen weitern Bemerkungen Anlaß. Ebensowenig die Glocke (Taf. II. 8.), meines Wissens bisher das einzige Exemplar aus derartigen Gräbern, ganz von der Form wie die gewöhnlichen „Kuhschellen" unserer Bauern, welche ich hier bloß wegen des eisernen Schwengels oder Klöppels erwähne, denn sie selber ist von Erz. Läßt sie vielleicht auf das Grab eines Hirten schließen? Eiserne Ringe von verschiedener Größe fanden sich häufig in unsern Gräbern. Herr Abbé Cochet erklärt (Normandie S. 252 f.), über ihre Bestimmung und Verwendung so wenig sagen zu können, als bisher von andern Archäologen Etwas darüber gesagt worden war. Ich freue mich, das Räthsel, wenigstens für einen großen Theil dieser Ringe, lösen zu können. Ich fand einen, der noch eine ziemliche Federtracht hatte und geöffnet einen Dorn oder eine Spitze zeigte, welche genau in die eine ungefähr befindliche Oeffnung paßt. Er ist Taf. III. 17. abgebildet. Ohne Zweifel haben noch viele dieser Ringe, vielleicht alle, dieselbe Eigenschaft; nur kann man sie, da sie ohnehin alle geschlossen und stark oxydirt sind, keiner nähern Untersuchung unterwerfen, ohne sie gänzlich zu ruiniren. Wozu der unsrige diente, ist von selbst klar. Er hatte, gleich unsern noch gewöhnlichen Schlüsselringen, die Bestimmung, verschiedene

19

Gegenstände, wie gerade z. B. Schlüssel daran aufzuhängen und war wohl am Gürtel befestigt. Ich erinnere nur an den Ring mit den Schlüsseln S. 182 der „Sépultures", und an die Gehänge S. 118 der „Normandie", und kann mir nicht versagen, im Vorbeigehen hier noch eine Bemerkung über die Zähigkeit unseres Volkes im Gebrauch gewisser Gegenstände, Werkzeuge u. s. w. und ihrer Formen einzuschalten, eine Bemerkung, welche schon bisher vielfach ihre Anwendung finden konnte und im Verlauf unserer Darstellung noch öfter finden wird. So hat sich die auffallende Form von Glasbechern, deren wir einen aus den fränkischen Gräbern des Thales de l'Eauine auf Taf. X. Fig. 1. der „Normandie" und einen andern aus den Gräbern von Selzen S. 302 der „Sépultures" und andere anderwärts (z. B. Sépult. p. 277) abgebildet finden, bis in den Anfang des XVI. Jahrhunderts erhalten, denn wir finden einen vollkommen ähnlichen bei Hefner in den „Trachten des Christlichen Mittelalters III. Bd. Bl. 93" bei dem Portrait der Katharina Wilhin abgebildet. So erinnere ich mich beim Anblick der Gehänge und Gestänge, welche der englische Archäologe Thomas Wright „chatelaine" getauft hat, und noch mehr bei dem der Gürtelgehänge in den „Alterthümern unserer heidnischen Vorzeit Heft IV. Tafel 7.", von welchen Lindenschmitt auch S. 25 des Germanischen Todtenlagers spricht, noch aus meiner Jugend, daß die Mädchen und Jungfrauen der Städte — und auf dem Lande ist dieß gerade in unserer Gegend heute noch der Fall — sogenannte „Freundschaftsketten" trugen, an welchen sich allerlei Zierwerk, Schmuck, zum Theil nicht ohne Werth, Spielzeug, Münzen angereiht fanden, meist Geschenke von Verwandten und Freunden, und die auf beiden Seiten so niedlich ornamentirte acht-eckige Scheibe aus Hirschhorn, welche aufs Lebhafteste an die ganz ähnliche aus den Gräbern von Oberolm erinnert (s. unsere Taf. II. Nr. 20. 21.), ist ohne Zweifel ursprünglich an einem solchen Gehänge befestigt gewesen. Vielleicht gilt dieß auch von einer Münze, von welcher später die Rede sein wird, und welche für die Zeitbestimmung unserer Gräber wenigstens nach einer Seite hin von der höchsten Wichtigkeit ist.

Von Gegenständen aus Eisen sind noch zur Sprache zu bringen die einfachen Gürtel- und andere Schnallen mit den dazu gehörigen Zungen, Gürtelbesatzstücken und dergleichen, wie deren einige aus einer großen Anzahl von verschiedenen Formen und zum Theil sehr bedeutenden Dimensionen auf Taf. II. 1. 2. 4. 5. 6. abgebildet sind. An vielen dieser Schnallen und ihrer Zugehörden finden sich noch mehr oder weniger bemerkbare Spuren des Linnenzeugs oder Leders, aus welchem der Gürtel bestand. Als eine Eigenthümlichkeit ist noch zu erwähnen, daß auf mehreren dieser Gürtelschnallen und ihrer Zugehörden die Nägel aus Bronze mit denen aus Eisen abwechseln und zwar in der Art, daß auf einem und demselben Stücke, wie z. B. auf Taf. II. 2., zwei Bronze- und zwei Eisennägel über Kreuz gestellt sind.

Wenden wir uns nun zu den letzten Gegenständen von Eisen, welche uns vorliegen, so sind dieß abermals Schnallen Taf. II. 15. 18. oder Schnallentheile II. 19, oder Schnallenzungen II. 16. oder Gürtelbesatzstücke II. 28. 29. oder endlich die unteren Schließen von Messerscheiden II. 30. 31, alle diese Gegenstände aber mit Silber, die Nummern 28 und 29 zum Theil auch mit Gold eingelegt oder damascirt (incrustirt). Es finden sich gleichartige Arbeiten mehr oder weniger in fast allen fränkischen, alemannischen und burgundischen Gräbern; die angelsächsischen jedoch scheinen sie nicht zu kennen, und in der Normandie scheinen sie nach der Darstellung in den „Sépultures S. 140" wenigstens seltener zu sein. Man hat diese Art von Arbeiten mit der Stelle des ältern Plinius in der Historia naturalis, lib. XXXIV. 4., in Verbindung gebracht und hieraus geschlossen, daß die alten Gallier (Kelten) die Erfinder dieser mit Silber eingelegten Eisenarbeiten gewesen seien, auch daran weitere kühne Vermuthungen über den Umfang der metallurgischen Kenntnisse des großen Keltenstammes und ihre frühzeitigen Verdienste um die Eiseninbustrie geknüpft. Dieß nöthigt uns, um die Bedeutung der zur Frage stehenden

3*

Arbeiten für unsre Gräber gehörig würdigen zu können, auf die Sache näher einzugehen. Was zuerst die Stelle bei Plinius betrifft*), so sieht jeder, der ein Bischen Latein versteht, daß hier gar nicht von Eisen, sondern von Erz (Kupfer allein oder Kupfer mit Zinn und Blei) die Rede ist, und gar nicht von unsern Arbeiten, sondern vom Verzinnen des Erzes, an welches sich sodann das Versilbern desselben anschloß. Hieraus können also die Keltomanen für ihre Ansicht lediglich nichts erweisen. Hiermit stimmt die Beobachtung des fleißigsten und gewissenhaftesten Forschers, des Herrn Abbé Cochet (Sépultures S. 139), daß in der Menge von keltisch-römischen Gräbern, welche er untersucht, auch nicht ein einziges Beispiel unserer Arbeiten ihm vorgekommen sei, ebensowenig in den christlich-normannischen, woraus er den Schluß zieht, daß sie wesentlich den Charakter der fränkischen, alemannischen und burgundischen Gräber bilden. Setzen wir hinzu, daß auch Troyon, der Anfangs diese Arbeiten mit den Gräbern zu Bel-Air überhaupt für helvetisch-keltisch halten wollte, alsbald bei näherer Untersuchung sich vom Gegentheil überzeugte, und sie für burgundisch erkannte (s. Lindenschmit a. a. O. S. 90); ja man kann sagen, daß gerade die burgundischen Gräber vorzugsweise reich an Arbeiten dieser Art sind. Zum gleichen Resultate aber werden wir durch unbefangene Prüfung der Frage über Gewinnung, Bearbeitung und Verwendung und Einführung des Eisens überhaupt gelangen.

Daß der Gebrauch des Erzes (der Bronze) ungleich älter ist, weil leichter, als der des Eisens, bedarf keines weiteren Nachweises. Die klassische Stelle bei Lucretius (V. 208. 209) spricht es trefflich aus:

    Et prior aeris erat quam ferri cognitus usus,
    Quo facilis magis est natura et copia major:
    Aere solum terrae tractabant aereque belli
    Miscebant fluctus . . . .
    Inde minutatim processit ferreus ensis,
    Versaque in opprobrium species est falcis ahenae.

Indessen kannten die Egypter das Eisen schon um 1400 v. Chr., obwohl es auffallend ist, daß in ihren Gräbern sich weder Waffen, noch Geräthe von Eisen fanden. Zu Homers Zeit verstand man bereits die Behandlung des Eisens, aber sie wird in der Ilias und in der Odyssee immer als schwierige Arbeit bezeichnet. Etrusker und Römer hatten zur Zeit des Kriegs mit Porsenna bereits Eisenwaffen — nämlich lange Schwerter — und um die Zeit des zweiten punischen Krieges bezogen die Römer aus Spanien, wo man die Behandlung des Eisens durch Phönizier gelernt hatte, ausgezeichnete (kurze) Eisenschwerter, welche noch etwa 40 Jahre nach Chr. durch den aus Bilbilis gebürtigen Dichter Martial als die besten bezeichnet werden**). Um dieselbe Zeit (des zweiten punischen Krieges) kamen, wohl durch die Berührung mit den Römern, auch die cisalpinischen Gallier (also Kelten) zur ersten Bekanntschaft mit dem Eisen, aber sie mußten die Behandlung desselben noch wenig verstanden haben, denn ihre Schwerter waren nach dem ausdrücklichen Zeugnisse des Polybius (II. cap. 30. 32. 33.) kaum zu gebrauchen, weil sie bei jedem Hieb oder Stoß sich umbogen und erst wieder durch Anstemmen gegen den Boden gerade gebogen werden mußten. Aus allem Dem geht hervor, daß wir bei den Kelten die eigentliche Bearbeitung des Eisens, wo es sich um die Stahlung desselben oder um seinere

---

*) Album incognitur aeris operibus Gallorum invento, ita ut vix discerni queat ab argento eaque incoctilia vocant. Deinde et argentarium inaequare simili modo coepere maxime ornamentis jumentorumque jugis.

**) Saevo Bilbilin optimam metallo,
 Quae vincit Chalybasque Noricosque. Martial. Epigr. IV, 55, 11.

Arbeiten handelt, wohl nicht ursprünglich suchen dürfen. Aber auch nicht bei den Germanen der früheren Zeit. Denn in Schweden und Norwegen wurde der Gebrauch des Eisens nicht vor den ersten Jahrhunderten der christlichen Zeitrechnung bekannt, und zwar hier, wie man annimmt, durch eingewanderte Orientalen; in Dänemark und den norddeutschen Küstenländern behauptet sich der Gebrauch des Erzes bis ins fünfte und sechste Jahrhundert. Nur unter dem Einfluß der Römer und nur allmählig wird der Gebrauch des Eisens in Süddeutschland und in Gallien gewöhnlicher; den Briten ist noch um die Zeit Herodians das Eisen, das sie nicht zu behandeln wissen, ein Luxusgegenstand, und auch die Germanen des Tacitus, also 100 Jahr nach Chr., wissen ihre Metallschätze noch nicht auszubeuten (Germania VI., ne ferrum quidem super est, sicut ex genere telorum colligitur. Rari gladiis utuntur cfr. Annal. XI, 20). Nur bei den Einwohnern des alten Norikum, dessen Kern das jetzige Steiermark bildete, scheint es sich anders verhalten zu haben. Denn allerdings schon bei Schriftstellern des Augusteischen Zeitalters, wie Horaz und Ovid, und bald nachher bei Plinius und Martial ist von Norischem Eisen, Norischen Schwertern und von der Gewinnung und Bearbeitung des Eisens, dem Hauptnahrungszweig der Einwohner als von einer notorischen Sache die Rede, obwohl Norikum erst im Jahre 13 v. Chr. unter Tiberius und Drusus gleichzeitig mit Rhätien und Bindelicien vollständig erobert wurde und also nicht erst von dieser Zeit an die Eisenindustrie daselbst einheimisch geworden sein konnte, sondern länger schon es gewesen sein mußte. Allein abgesehen davon, daß wir durchaus nicht wissen, wie lange, so wissen wir auch etwas Anderes nicht, nämlich welcher Nationalität die alten Einwohner Norikums angehört haben. Germanen waren es einmal nicht, und es ist denn doch ein gar zu wohlfeiles Verfahren, sie schon deßhalb dem großen ethnographischen I des Keltenthums zuzutheilen. Wenigstens ist von Strabo (ed. Kramer, p. 383. V. 1) Noreia, unter ausdrücklicher Anführung der Eisenwerke, als zu Italien gerechnet aufgeführt, womit nicht in Widerspruch steht, daß er sonst (IV. 6) Norikum als zum Alpenland gehörig betrachtet. Angenommen aber auch, daß es Kelten gewesen seien, so steht es historisch fest, daß die Römer schon lange vorher, ehe sie das Land vollständig einverleibten, nämlich volle hundert Jahre früher, den Weg nach Norikum recht gut wußten, denn bei Noreia, der Hauptstadt, wurden sie unter Papirius Carbo 113 v. Chr. durch die Cimbern gänzlich geschlagen, und in Handelsverbindungen mit den Römern stand das Land jedenfalls. Wenn sich hieraus schon die Möglichkeit, ja selbst, in Zusammenhange mit dem Uebrigen und nach der Analogie der Vorgänge in Gallien und in Germanien, die hohe Wahrscheinlichkeit ergibt, daß auch in Norikum die Eiseninduftrie unter dem Einflusse der gebildeten Römer gestanden und durch diesen gefördert worden sei, so erhebt sich diese Wahrscheinlichkeit fast zur Gewißheit durch eine andere Stelle des Strabo*), wo er im Gegensatz gegen die spätere, definitive Besitznahme durch die Römer, ausdrücklich sagt, daß (früher schon) durch die von den Italioten (Römern oder von den Römern unterworfenen und unter ihrem Einflusse stehenden Etruskern) den Barbaren (Norikern) in der Gewinnung des Goldes geleistete Beihülfe im Laufe von zwei Monaten das Gold durch ganz Italien um zwei Drittheile wohlfeiler geworden und deßhalb jene von diesen, die den Alleinhandel behaupten wollten, ausgetrieben worden seien. Was hier von dem fördernden Einfluß der Römer gesagt ist, bezieht sich zwar bloß zunächst auf das Gold, gilt aber gewiß in dem Grade mehr von der Eisenindustrie, in welchem Gewinnung und Behandlung

---

*) Συνεργασαμένων δὲ τοῖς βαρβάροις τῶν Ἰταλιωτῶν ἐν διμήνῳ, παραχρῆμα τὸ χρυσίον εὐωνότερον γενέσθαι τῷ τρίτῳ μέρει καθ' ὅλην τὴν Ἰταλίαν, αἰσθομένους δὲ τοὺς Ταυρίσκους μονοπωλεῖν ἐκβαλόντας τοὺς συνεργαζομένους· ἀλλὰ νῦν ἅπαντα τὰ χρυσεῖα ὑπὸ Ῥωμαίοις ἐστί. Strabo IV, 6. p. 327. ed. Kramer.

des Eisens ungleich schwieriger ist, als die des Goldes, und den Römern an tüchtigem Waffenmaterial mindestens ebenso viel lag, wie an Gold.*)

Was ist nun aber das Ergebniß aus dem Bisherigen? Ohne Zweifel dieses: Gräber, in welchen alle Waffen ausschließlich, und die metallenen Geräthschaften in unendlich überwiegender Zahl von Eisen sind, können keine keltischen und auch keine urgermanischen sein; sie gehören, sofern sie auch keine römischen sind, nicht mehr der sogenannten Bronzeperiode in unseren Gegenden, sondern der Eisenperiode, d. h. der Zeit der großen Völkerwanderung an, um welche Zeit, allerdings unter vergänglichem Einfluß römischer Cultur, Gewinnung, Behandlung und Gebrauch des Eisens allgemein geworden war, und Eisenwaffen und Eisengeräthe, immerhin auch aus den Hüttenwerken Noricums, allgemeiner wurden unter den germanischen Stämmen der Alemannen, Franken und Burgunder, unter deren Streichen das römische Weltreich in Trümmer ging.

Doch kehren wir von dieser nothwendigen Abschweifung zu unsern mit Silber eingelegten Gürtelschnallen, Schnallentheilen und Messerscheiden zurück! Es scheint mir eine dreifach verschiedene Verfahrungsweise unterschieden werden zu müssen. Auf den Figuren 18. 19. 30. 31. bestehen die Silbereinlagen offenbar aus eingeschlagenen Silberfäden, wie dieß an dem Schnallenringe Fig. 19, besonders deutlich ist, da sich an ihm die Silberfäden von dem Eisen zum Theil wieder abgelöst haben und leicht, wenn man nur wollte, gänzlich davon abgedreht werden könnten. Eine andere Gruppe repräsentiren die Figuren 15 und 16 auf Taf. II. Die Silbereinlagen bestehen hier nicht aus Fäden, sondern eine Silberplatte scheint auf dem Eisen befestigt und der Raum zwischen dem, was als Zeichnung (Figur) bleiben sollte, nachher durch Ausschneiden oder auf andere Weise ausgespart worden zu sein. Wieder einen andern Anblick gewähren die auf Tafel II. unter Nr. 28 und 29 abgebildeten Gegenstände, wahrscheinlich Gürtelbesatzstücke. Hier erscheinen die Gold- und Silberlinien gleich einer Art Emaille in das Eisen eingeschmolzen.

Wie verschieden das Verfahren im Einzelnen aber immer gewesen sein mag, so viel steht fest, daß wir hier Arbeiten vor uns haben, welche bei den genannten germanischen Stämmen und, soviel bis jetzt bekannt ist, nur bei diesen vorkommen.

An diese Gegenstände mag sich hier sogleich die Erwähnung einiger ehernen (bronzenen) Schnallen, Schnällchen und Schnallentheile anreihen, wie ich sie aus einer ziemlichen, jedoch ungleich geringern Zahl als der der eisernen, auswählte und auf Taf. IV. Nr. 1. 2. 3. 4. 5. 6. abbilden ließ.

Von Eisen fand sich außerdem nur noch eine Art von Draht um eine eherne Haarnadel gewickelt, stark orydirt und dadurch in unlöslicher Verbindung mit einem rückwärts liegenden Holzstückchen (s. Tafel II. 17). Diese Gegenstände fanden sich in einem Kindergrabe zugleich mit einer ziemlichen Anzahl kleinerer Thon- und Glasperlen, welche in einer orydirten Masse steckten, die gleichfalls

---

*) Herr Dr. Müller führt in seiner trefflichen deutschen Münzgeschichte I. Theil, Seite 8 folgende Stelle aus einer mir im Augenblicke nicht zugänglichen Abhandlung von Wackernagel (Gewerbe, Handel und Schifffahrt der Germanen in Haupt's Zeitschrift IX. 553) an. „In Noritum, das die Römer freilich nicht zu Germanien rechneten, waren Goldwäschen und Eisengruben, deren Ausbeute, Norisches Eisen, ungemein geschätzt war, und in den Manufakturen von Triest und Aquileja verarbeitet ward." Man vergleiche hiermit den Nachtrag zu dieser Abhandlung am Schlusse derselben.

von einem oxydirten Eisendrahte herzurühren scheint und mit einer Muschel (cyprea pantherina) in Verbindung stand, welche mit Ausnahme der Farben noch ganz erträglich erhalten ist. Die Perlen wurden, so gut es ging, aus der oxydirten Masse (Taf. II. Fig. 10) ausgelöst und an einen Draht gefaßt wieder mit der Muschel verbunden (II. 11). Eine ganz ähnliche Muschel fand sich in einem andern Kindergrabe, zugleich mit einem hohlen Körper von Thon, welcher in ziemlich roher Weise einen Fisch vorstellt. Fisch und Muschel waren wohl nichts Anderes als Spielzeug des Kindes gewesen, welches die elterliche Liebe mit in's Grab gegeben hatte. Zu fragen, wie diese nur den südlichen Meeren Asiens und Afrikas angehörigen Muscheln, die sich vereinzelt auch in fränkischen und angelsächsischen Gräbern fanden (s. Normandie p. 372 ff.), zu uns in den Norden kamen, dürfte ein ziemlich undankbares Geschäft sein, wenn man sich nicht mit der allgemeinen Auskunft begnügen will, daß es eben auf dem Wege des Handels geschehen sei. Hatten doch von jeher Kinder, — und solche primitive Stämme sind selbst noch Kinder unter den Völkern — eine große Freude an schönfarbigen Muscheln, wie in der That die Cyprea pantherina eine solche ist. Eben deßhalb wird es aber auch überflüssig sein, in diesen Muscheln eine symbolische Anspielung zu suchen. Denn wohl war an Skulpturen des späteren christlichen Mittelalters die aus ihrem Deckelgehäuse heraussstreichende Schnecke eine sinnige symbolische Darstellung der Auferstehung, wohl war der aus der Muschel hervorblickende Venuskopf dem klassischen Heidenthume ein Bild des Lebens selbst, aber weder jene Landschnecke noch der Venuskopf steht in irgend einer Beziehung zu den Muscheln unserer Gräber. Auf der gleichen Tafel II. unter Nr. 9 findet sich ein ovaler Stein abgebildet, wie mehrere dieser Form, meist etwas kleiner, in verschiedenen Gräbern sich fanden. Ist ihr Vorkommen ein Zufall? Oder hatten sie die Bedeutung eines Amulets? Oder was war sonst ihre Bestimmung? Ich weiß es nicht. Noch findet sich auf derselben Tafel II. in doppelter Ansicht unter Nr. 12 und 13 ein Instrument aus Bein abgebildet, welches, der Länge nach zur Hälfte und von Oben nach Unten in der Mitte ganz durchbohrt, über seine Bestimmung uns nicht im Zweifel lassen kann. Es ist ein Fackhahnen, leider nur der in die vertikale Oeffnung gehörige integrirende obere Bestandtheil, der Schließer oder Wirbel fehlt. Bis jetzt ein Unicum! Aber in einem deutschen Grabe, in einem süddeutschen vollends gewiß kein auffallendes: denn die durstige Natur unserer Vorfahren ist seit Cäsar und Tacitus ebenso bekannt als unanstilgbar. Vom Fäßchen selbst war keine Spur zu finden, so wenig als von seinem Inhalte. Ob's Bier, ob es Wein war, wer mag es wissen! Für den letztern könnte man nach der Farbe des zweiten unter den auf derselben Tafel II 24. 25. 26. 27 abgebildeten Glasbechern zunächst geneigt sein, sich zu entscheiden, denn nicht nur die Farbe dieses Glases ist röthlich, sondern noch mehr eine Art von Niederschlag oder Satz, welche sich darin fand, und welche vollste Aehnlichkeit mit dem Färbestoff hatte, den man gewöhnlich auf dem Grunde der Bordeauxflaschen und anderer dickrothen Weine findet. Die anderen Gläser hatten eine gelbliche, Nr 27. eine grünlich gelbe Färbung. Alle vier Gläser fanden sich in Thongefäßen, mehr oder weniger, Nr. 25 noch vollkommen gut erhalten; aber so dünn sind sie, daß man sich fürchten muß, sie nur mit den Händen zu berühren, und sie scheinen allmälig ganz abzublättern. Außerdem fanden sich zahlreiche Fragmente von andern Gläsern, welche nicht mehr in ihren Formen und erkennbaren Ganzen zusammenzufliken und theilweise nicht einfach, sondern ornamentirt waren (s. eine Probe Taf. II. 23). Diese Glasbecher haben alle das Eigenthümliche, übrigens mit denen der verwandten Gräber Gemeinsame, daß man sie nur auf den obern Rand, also so lange sie ganz oder nur theilweise gefüllt waren, gar nicht hinstellen konnte. Hängt das vielleicht auch mit der durstigen Natur unserer Vorfahren zusammen, daß sie ihre Becher entweder nicht einmal in den Augenblick aus der Hand gaben, oder gar immer auf einen Zug austranken? Nun, allzugroß waren sie gerade nicht.

Woher wohl seiner Zeit die lebenden Besitzer diese Glasbecher bekamen? Selber haben sie dieselben wohl nicht gemacht. Allein so gut zur Römisch-Gallischen Zeit in der jetzigen Normandie und

Pikardie im Walde von Eu großartige Etablissements der Glasfabrikation bestanden (siehe Normandie p. 185 f.), ebenso gut können von den Römern angelegte Glashütten in den Provinzen von Germania superior*) mit dem Decumatenlande, in Rhätien und Vindelicien gewesen sein, ja es ist sogar höchst wahrscheinlich, daß dieß der Fall war. Die Fabrikate dieser Etablissements mögen sich auch nach Vertreibung der Römer erhalten haben, ja die Etablissements selber mit der traditionell gebliebenen Kunstübung von den Landeseinwohnern, wenn auch in viel unvollkommenerer Gestalt, wieder aufgenommen worden sein. Will man jedoch dieß nicht annehmen, so steht jedenfalls nichts der Ansicht entgegen, daß solche Gläser durch Kauf und Tausch aus Italien herbeigekommen seien. Wie viel mag auch durch Eroberung den siegreichen germanischen Stämmen in die Hände gefallen sein!

Wenden wir uns zu einer Art von Gegenständen, welche, wegen ihrer Ornamentirung, einen schicklichen Uebergang von den gewöhnlichen Geräthen zu den Schmucksachen bilden, ich meine die Kämme. Sie fanden sich, theils ganz theils in Fragmenten, in unsern Gräbern sehr zahlreich, verhältnißmäßig zahlreicher als sonst irgendwo. Schon dieser Umstand, noch mehr aber ihre mannigfaltige, obwohl denselben Styl an sich tragende und an den der schon besprochenen Hornscheibe (Taf. II. 20. 21.), andererseits aber, wie wir sehen werden, an den der Thongefäße sich anschließende höchst interessante Ornamentirung haben mich bestimmt, sie, abgesehen von den ganz einfachen, in größerer Anzahl theils ganz (Taf. III. 3. 4. 5.), theils bloß nach ihren ornamentirten Rippen ohne die Zähne (Taf. III. 5. b. 6. 7. 8. 9. 10. 11. 12. 13. 19.) abbilden zu lassen. Ueber den Kunstcharakter der gewiß eleganten und niedlichen Ornamentirung wird die Anschauung mehr Aufschluß gewähren, als es eine noch so ausführliche Beschreibung in Worten zu thun vermöchte. Welchen Werth die Germanen und in besonderer Weise die Sueven auf eine sorgfältige Pflege des Haares legten, welches die Freien und Edeln unter ihnen, im Gegensatze zu den spätern Römern, wachsen ließen, ist aus den klassischen Schriftstellern von Tacitus an bis auf Claudian allgemein bekannt, so daß ich mich dabei länger verweilen möchte (vgl. Gerlach zu Tacitus Germania S. 181 f.). Es ist daher auch nicht im Mindesten zu verwundern, in germanischen Gräbern und zumal in den unsrigen die Kämme in so großer Anzahl zu finden, und zwar ohne Unterschied bei männlichen und weiblichen Skeletten, bald zu den Füßen der Skelette, bald neben, bald auf ihnen. Zu einer doppelten Bemerkung aber geben mir diese Kämme noch Anlaß. Einmal wiederholt sich auch hier wieder die schon früher mehrfach gemachte Bemerkung über die Zähigkeit unseres Volkes in der Festhaltung gewisser Werkzeuge und ihrer Formen. Denn bis auf den heutigen Tag findet man bei unsern Landleuten, namentlich auf der Schwäbischen Alb, dieselben Haarkämme (nur ohne Ornamente) mit oder ohne Futteral, mit einer oder mit zwei Reihen von Zähnen, in welchem letztern Falle in der einen Reihe die Zähne weiter, in der andern enger stehen, um mit der letztern die Haare von gewissen lästigen Insekten zu reinigen, während die erstere zur Ordnung der Haare selbst bestimmt ist. Eine andere Bemerkung aber bezieht sich auf eine Ansicht des Herrn Abbé Cochet in den „Sépultures p. 247", welche ihre weitere Entwicklung in dem „Tombeau de Childéric p. 405" gefunden hat. Er hält nämlich eine Anzahl von Plättchen aus Bein, die an den genannten Orten abgebildet sind, für Ornamentplättchen, welche auf einem, weil aus Holz bestehenden, nun ohne Spur zu Grund gegangenen, Kofferchen oder Kästchen, etwa einem Schmuckkästchen, mittelst kleiner Nägel befestigt gewesen seien, und er läßt sie sogar vermittelst der Phantasie eines ungenannten Künstlers wieder zu einem Ganzen zusammenstellen.

---

*) Vgl. Lindenschmit, a. a. O. S. 27. Die dort aufgestellte Ansicht wird jedoch in Folge unserer Funde einige Einschränkung erleiden.

Möglich, daß die Sache sich so verhielt, aber ich möchte fast bezweifeln, daß Herr Abbé Cochet diese Ansicht festhalte, wenn er die ornamentirten Rippen unserer Kämme gesehen haben wird, welche die allerfrappanteste Aehnlichkeit mit seinen Beinplättchen haben, die ich ebendeshalb für Fragmente von Kammrippen halten möchte, und zwar um so mehr, als es sonst doch gar zu auffallend wäre, daß in all den vielen von dem Herrn Abbé untersuchten Frankengräbern nur ein einziges (auf Taf. XIII. 26. der „Normandie" abgebildetes) Fragment eines Kammes aus Bein sich vorfand.

Bevor wir uns zur Beschreibung der auf Taf. IV. abgebildeten Schmuckgegenstände wenden, muß ich die Bemerkung einschalten, daß sich in vielen Gräbern vorzugsweise weiblicher, ausnahmsweise jedoch auch männlicher Skelette Thonperlen, Glasperlen und durchbohrte Bernsteinstücke meist in der Gegend des Halses oder an den Handgelenken fanden. Die Thon- und Glasperlen zeigen die verschiedensten Größen und Formen, viele der ersten sind mit Glasfluß zierlich und schön emaillirt. Nicht sowohl, weil diese Gräberfunde sonst schon vielfach bekannt sind, habe ich es unterlassen, Abbildungen davon zu geben, als vielmehr, weil unkolorirte Abbildungen doch nicht genügen, um eine eigentliche Vorstellung von diesen Schmuckgegenständen zu geben. Man kann sich davon durch die Abbildung auf Taf. III. 18. überzeugen, welche einen sogenannten Würtel oder Espen mit blauem Glasfluß auf grauem Grunde darstellt. Wollte man auch annehmen, daß die mitunter sehr schönen Glasperlen nicht germanisches Fabrikat, sondern aus Italien eingeführt seien, so beweist doch die Emaillirung von Thonperlen mit Glasschmelz, welche hier sehr häufig und in unzweifelhaft germanischem Charakter vorliegen, daß die germanischen Stämme, wie wir schon aus Anlaß der Glasbecher bemerken konnten, im eigentlichen Germanien wohl ebenso gut, wie in Gallien, wo die Kunst der Emaillirung notorisch in den römisch-keltischen Zeiten zu Hause war (s. das Zeugniß des Philostratus aus dem III. Jahrhundert in „Normandie p. 269"), die Bereitung des Glases, wenn auch auf dem Boden der von den Römern gegründeten Etablissements übernommen hatten. Ohnehin waren die Franken und Burgunder von etwas milderen Sitten und der römisch-keltischen Cultur, welche sie in Gallien vorfanden, leichter und bald zugänglich; aber auch die wilden Alemannen, welche allerdings mit verheerender Wuth in die Römischen Provinzen hereinbrachen, hatten doch bei dem Einfall unter ihrem Führer Rando (nach der Erzählung Ammians) die Stadt Mainz selbst nicht vernichten wollen oder können, sondern nur die Einwohnerschaft gefangen fortgeführt, und auch die splendidissima Raetiae provinciae colonia (Tacitus Germ. Cap. 41), Augsburg, war nie ihren Streichen so gänzlich erlegen, daß mit nicht annehmen sollten, es habe sich die Nachwirkung römischer Kunstübung, wenn auch in sehr abgeschwächten Formen und unter Aufnahme neuer, barbarischer Motive in diesen und ähnlichen Orten sich erhalten. Jedenfalls aber konnte es nicht fehlen, daß eine Menge Erzeugnisse jener früheren Kunstübung durch Handel, Erbschaft oder Eroberung in die Hände der späteren Herren dieses Landes kamen, und wer aus dem Vorkommen früherer Kunstformen mitten unter späteren nun Alles mit einander der früheren Zeit zuschreiben wollte, würde gerade denselben Fehler machen, wie derjenige, welcher Gräberfunde, in welchen das notorisch spätere Eisen in überwiegender Masse vorkommt, deßhalb der Eisenperiode ab- und der Bronzeperiode zuschreiben wollte, weil unter denselben auch Gegenstände von Bronze sich finden. Denn nicht die ältern, sondern immer die nach Stoff und Form jüngsten Erzeugnisse sind für die Zeitbestimmung maßgebend.

Dieß führt uns von selbst zur Betrachtung der Schmuckgegenstände. Da begegnen uns zwei Gewandnadeln aus Bronze von bekannter, entschieden römischer Form (Taf. IV. Fig. 12. 13). An diese mögen sich die beiden knopfartigen Gewandnadeln auf Taf. IV. Nr. 8 und 35 anschließen, die auf einem untergelegten Silberplättchen, welches bei Nr. 35 über den Umfang des Knopfes hinaus sichtbar ist, und in filigranartigen Silberfäden Stückchen von rothem Glasfluß zeigen, die leider zum

Theil ausgefallen find. Vielleicht können auch die Bronzenadeln Nr. 16 und 17 noch hieher gezogen werden und bei Figur 33, einem Vogel von vergoldetem Silber mit rothen Glasschmelzeinsätzen für Auge und Schwanz, mag man immerhin noch eine römische Reminiscenz erkennen, denn ich erinnere mich, in einem der ältern Beger'schen Werke (Thes. III. p. 434) eine römische Fibula von der Gestalt eines Vogels abgebildet gesehen zu haben. Einen römischen Adler jedoch, wie von einem ähnlichen Funde aus dem Nordendorfer Felde im Jahresbericht des historischen Vereins für Schwaben und Neuburg 1844/45, S. 33, vermuthet werden wollte, stellt unser Vogel gewiß nicht vor, eher noch einen Papagei. Ist das Kunstwerk aber in Teutschland selber entstanden, dann dürfte es auch ein solcher nicht sein. Denn die Temperaturverhältnisse Teutschlands, wornach Mainz etwa das jetzige Klima von Petersburg haben mochte, waren offenbar nicht nach dem Geschmack der Papageien. Wir werden daher sicherer gehen, wenn wir bei unserem alten Landsmanne, dem Sperling, stehen bleiben. Entschieden abweichend aber vom antiken Kunstgeschmack sind die Gewandnadeln auf Taf. IV unter Nr. 31 und 34, beide von Silber und theilweise vergoldet, die letztere mit zwei schönen Granateinsätzen. Sie zeigen gleich der Zierscheibe aus Bronze, die ich aus mehreren ausgewählt und unter Nr. 14 abbilden ließ, bereits einen Styl der Ornamentirung, welcher einerseits an den der im Vorhergehenden beschriebenen Kammrippen, andrerseits an den der auf Taf. IV und V abgebildeten und noch näher zu beschreibenden Thongefäße und Gefäßfragmente sich anschließt. Auch davon hier schon Akt zu nehmen wird angemessen sein, daß genau ebenso beschaffene Gewandnadeln in allen verwandten Gräbern, namentlich selbst auch in den angelsächsischen vorkommen. S. die Abbildungen in den „Sépultures p. 338", vgl. mit „Normandie p. 41 f.", wo sie dem IV. und V. Jahrhundert zugeschrieben werden. Am Entschiedensten und Eigenthümlichsten abweichend aber erscheint die schöne, unter Nr. 32 abgebildete Gewandnadel aus Bronze. Denn während die verschlungenen und geperlten Bandschleifen im innern Kreise an ganz ähnliche Muster des ältern byzantinischen und romanischen Styls erinnern, wie er sich übrigens in Miniaturen bis in's zwölfte Jahrhundert erhalten hat, zeigt der äußere Kreis in den Schlangen oder Nattern ein neues barbarisches, gleich dem Drachen aus dem Norden stammendes und von dorther mit den germanischen Stämmen eingewandertes Motiv. Indem ich beifüge, daß der Dorn an den Gewandnadeln meist aus Eisen bestand und daher in diesem Falle vollständig oxydirt ist, gehe ich zur näheren Bezeichnung der Gegenstände auf Taf. IV. unter den Nummern 7. 9. 10. 11. 15. 18. 19. 20 über. Sie sind alle aus Bronze. Nr. 7 ist ein Nadelbüchschen; Nr. 9 und 10 sind Scheiben von kleinen Messern; Nr. 15 ein Ohrring, Nr. 11 und 19 Zängchen oder Klämmchen zum Ausziehen der Barthaare, von zwei verschiedenen Formen, Nr. 18 ein Zahnstocher, und Nr. 20 eine Nadel, ausgewählt aus mehreren Haar- und andern Nadeln, von denen ein paar größer auch für Griffel gelten könnten. Das Nadelbüchschen (Nr. 7) ist meines Wissens sonst noch nirgends gefunden worden; wohl aber die übrigen Gegenstände. Der Ohrring, der hart an der linken Seite des Schädels lag, hinterließ an diesem noch Spuren des Oxyds oder grünlichen Rostes (aerugo nobilis) und war nur in einem Exemplar, an einem Ohr vorhanden, also ganz wie in dem Grabe von Selzen (Lindenschmit a. a. O.); nur war das Skelett ein männliches. Ueber die Zängchen oder Klämmchen zum Ausziehen der Barthaare spricht sehr eingehend Abbé Cochet in der „Normandie p. 256 f." und weist mit Beziehung auf Sidonius Apollinaris*) ihren Gebrauch von den Zeiten der Römer bis zu denen der Merovinger nach. Zahnstocher und (ihnen fast ganz ähnliche) Ohrlöffelchen fanden sich auch in einem fränkischen und in ein paar angelsächsischen

---

*) „Pilis infra narium antra fructicantibus quotidiana sucoisio" und „tonsor barbam genas adaeque forcipibus evellit.

Gräbern (S. Sépultures p. 116 ff.) Ein silbernes Plättchen (Tafel IV. 36), wahrscheinlich ein Theil eines Gürtelbesatzes, schließt die Reihe der Schmucksachen.

Ehe ich jedoch diesen Gegenstand verlasse, habe ich noch eines Fundstückes zu erwähnen, dessen Bedeutung mir nicht klar ist. In einer der Urnen befand sich nach der mir gemachten Angabe — ich selbst war beim Auffinden nicht zugegen — eine rothe Masse, ursprünglich etwa von der Dicke des kleinen Fingers und 5—6 Centimetres lang. Ich hielt es anfänglich für eine Erdart; die chemische Analyse jedoch, welche Herr Apotheker Kißling vorzunehmen die Gefälligkeit hatte, ergab, daß es Harz und Zinnober sei, also dieselben Ingredienzien, aus welchen unser Siegellack besteht. Angezündet gab es ungefähr denselben Geruch, wie das letztere, doch hätten wir nicht damit siegeln können, und wenn auch wir es gekonnt hätten, so doch jedenfalls die Bewohner dieser Gräber nicht, denn sie hatten nichts zu schreiben. Aber wozu diente ihnen dann bei ihren Lebzeiten diese Masse? Hatte sie doch vielleicht den Zweck, angezündet als Rauchwerk zu dienen? Wohlriechende Harze scheint wenigstens Montfaucon nach einem Citat im Jahresbericht des Vereins für Schwaben und Neuburg 1842/43, S. 28 zu vermuthen.

Auf der Grenzscheide zwischen den Schmucksachen und den Gefäßen und daher einen schicklichen Uebergang zu den letztern bildend finden wir eine Scherbe aus samischer Erde (terracotta) mit antiker oder doch jedenfalls antikisirender Zeichnung (Taf. II. 22). Sie lag bei einigen Glas- und Thonperlen eines weiblichen Skelettes; doch kann ich kaum annehmen, daß sie gleich diesen als Schmuck dienen sollte, denn da sie nicht durchbohrt ist, konnte sie nicht gleich den andern angereiht sein. Ebenso wenig ist anzunehmen, daß sie sich bloß aus Zufall hier befinde. Was ist nun ihre Bedeutung? Hängt sie mit dem von Abbé Cochet (Sépultures p. 67) und Andern beobachteten Umstande zusammen, daß sich sehr gewöhnlich in Gallisch-Römischen Gräbern der ersten christlichen Jahrhunderte solche Scherben aus rother Siegelerde finden? Wir haben wir hier das Grab einer ganz armen Person, der man nicht einmal ein gewöhnliches Thongefäß, sondern dasselbe symbolisirend nur eine Scherbe mitgeben konnte, wie dies mit Armen gleichfalls in gallisch-römischen Gräbern gehalten wurde (Normandie p. 101)? Dagegen spricht wieder der Umstand mit den Perlen, und der immerhin, gegenüber von gewöhnlichen, Thonscherben, werthvollen und geschätzten Siegelerde. Ich wage nicht, zu entscheiden.

Wir sind bei den Thongefäßen angelangt, welche aus einer großen Anzahl ausgewählt ich gleichfalls in größerer Anzahl, sofern sie mir nach Form oder Ornamentirung von irgend einem Interesse schienen, auf Tafel V, Fig. 1—15, begleitet von in letzterer Beziehung gleichfalls interessanten Scherben oder unvollständigen Gefäßen auf Taf. IV, Fig. 21—30 und 37. 38. abbilden ließ, überzeugt, daß auch hier die Anschauung ungleich belehrender sei, als eine noch so umständliche Beschreibung.

Eine Frage, welche sich zwar mehr oder weniger bei allen Gräberbeigaben erheben kann, tritt jedoch bei diesen Gefäßen, die sich fast ausnahmslos in allen unsern Gräbern meist zu oder zwischen den Füßen der Skelette finden, so nahe an uns heran, daß wir sie nicht ganz umgehen können, ist die Frage, was war der Zweck dieser Gräberbeigaben, besonders dieser Gefäße? Gewiß war es nicht die Liebe allein, die den Verstorbenen nicht trennen wollte von dem, was ihm im Leben werth gewesen war, oder auch als Unterpfand ihrer unauslöschlichen Dauer ihm ein Andenken ins Grab mitgab. Wohl mag solche Liebe mitgewirkt haben, aber der wahre Grund liegt noch viel tiefer, er liegt in dem wesentlich sensualistischen Charakter des Heidenthums gegenüber von dem Spiritualismus des Christenthums; er liegt in den Vorstellungen der Heiden vom Verhältniß zwischen Leib und Seele, vom Verhältniß zwischen dem gegenwärtigen und dem künftigen Leben. Denn sein künftiges Leben, wo und wann er überhaupt ein solches glaubt, ist ihm nur eine schattenartige Fortsetzung seines gegenwärtigen Leibeslebens, seiner

4*

bleßfeitigen finnlichen Exiftenz, und deßhalb bedarf er auch jenfeits alle die Dinge wieder, welche hier die Bedingungen feines Dafeins, feiner Mühen und feiner Freuden bilden.*) Deßhalb gibt er auch dem Kämpfer die Waffen, der Frau ihren Schmuck, dem Kinde fein Spielzeug, Allen die Gefäße fammt den Nahrungsmitteln mit auf den Weg, deren er hier bedurfte, und deren er auch ferner bedürfen wird, und fo tief waren diefe Vorftellungen feftgewurzelt, daß man nicht bloß in den Gräbern der heidnifchen Römer, Kelten und Germanen, fondern felbft noch weit durch das Mittelalter herunter, in Frankreich felbft bis in's XVII. Jahrhundert (Normandie p. 413) in Chriftengräbern wenigftens Thongefäße findet, freilich nicht mehr mit Honig, Milch und Wein gefüllt**), fondern mit Weihwaffer und Weihrauch.

Doch kehren wir zu unfern Thongefäßen felbft zurück! Wie der erfte Anblick lehrt, zeigen fie die mannigfaltigften Größen, Formen und Verzierungen, fo zwar, daß aus der anfehnlichen Zahl, welche wir befitzen, auch nicht eine der andern in diefen Beziehungen vollkommen gleich wäre, und in fofern ift es wenigftens mit Rückficht auf unfere Gefäße gewiß nicht zutreffend, wenn Abbé Cochet den germanifchen Gefäßen im Gegenfatz gegen die römifchen — Monotonie und andere Fehler vorwirft. Daffelbe aber, was von Größe, Form und Verzierung, gilt auch vom Material und der Farbe. Einige, ja viele Gefäße find von fchlechtem mit kleinen Kiefeln durchfetztem, nicht gehörig ausgewafchenem und fchlecht gebranntem, auch nicht glafirtem Thon und deshalb auch außerordentlich brüchig; andere, in auffteigender Linie von immer befferem, feinerem, forgfältiger behandeltem, ja einzelne denen aus famifcher Erde gleichkommend, (V. 7). Die Farbe wechfelt vom Weißlich-Grau, Dunkelgrau, Röthlich, Hell- und Dunkelbraun bis zum tiefen Schwarz. Die Formen erinnern hie und da noch fehr an die antiken (V. 7. 8. 9); eine (V. 4) mit zwei Henkeln oder Handhaben ift ein Unicum (Vgl. Normandie p. 23). Manche hier nicht abgebildeten Gefäße tragen in ihrem unvollkommenen und unregelmäßigen Aeußern felbft fchon den Beweis, daß fie nicht auf der Scheibe gefertigt, fondern vielleicht im Rohen über eine hölzerne oder thönerne Form gezogen und dann aus freier Hand gebildet find. Das Letztere gilt jedenfalls von den Verzierungen, die entweder mit einem hölzernen, griffelartigen Inftrument oder meift mit einem hölzernen Stempel aus freier Hand in den naffen Thon eingedrückt wurden. Es gefchah dieß in der unvollkommenften Weife entweder mit unregelmäßigen, willkürlich fich kreuzenden Strichen und über und neben einander in unregelmäßigen Reihen ftehenden Punkten (V. 13), oder in fehr regelmäßigen Wellenlinien (V. 2) oder in Verbindung folcher mit kleinen Kreifen (V. 6) oder längeren Strichen (IV. 29) oder in einfachen Zickzacks (IV. 21) oder in Verbindung folcher mit kurzen Strichen (IV. 24) auffteigend bis zu den zierlichften Anordnungen ganzer Reihen von im mannigfaltigften Wechfel einander über- und untergeordneten Quadraten, Oblongen, Kreifen, Halbkreifen, Ovalen, einfachen und

---

*) Seine Freuden traf der frohe Schatten
In Elyfiens Hainen wieder an;
Treue Liebe fand den treuen Gatten,
Und der Wagenlenker feine Bahn;
Linus' Spiel tönt die gewohnten Lieder,
In Alceften's Arme finkt Admet,
Seinen Freund erkennt Oreftes wieder,
Seine Pfeile Philottet.

Schiller's Götter Griechenlands.

**) „Utero felix" fteht auf einer Flafche in einem Römergrabe; „Bibas"; „Felix bibas" auf römifchen Grabesurnen.

gemusterten Zickzacks, Rosetten, Sternen, Blumen, phantastischen Linienverbindungen und selbst bis zu Formen, welche an die Eierstab- und Zahnschnittornamente der romanischen und germanischen Architektur erinnern (V. 1. 2. 11. a. 11. b. 14. a. 14. b. 3. 5. 15. 10. IV. 25. 27. 28. 22. 23. 26. 38. 30). Die einen haben Henkel und Ausgußhälse (Schnauzen) und sind krugartig, die andern haben sie nicht und sind zum Theil von der Form gewöhnlicher Kochgeschirre; die Oberfläche der einen ist, abgesehen vom Ornament, glatt, die der andern theilweise oder ganz gerippt und wulstartig. Allein welche außerordentliche Mannigfaltigkeit der Erscheinung in dem Allem herrschen mag, so ist nichts desto weniger (abgesehen von den mehr klassischen Formen V. 7. 8. 9. 12. IV. 37) der Grundcharakter überall derselbe, so daß das alte Wort:

Facies non omnibus una,
Nec diversa tamen, qualem decet esse sororum.

hier seine volle Anwendung findet.

Ja, mehr noch, dieser Grundcharakter der Form im Ganzen und der Verzierungen insbesondere ist derselbe oft bis in die kleinsten Details wie in den Gräbern zu Envermeu und Loudinières (Normandie p. 23), wie in denen zu Selzen und an den rheinischen Orten (Lindenschmit a. a. O., und „Alterthümer unserer heidnischen Vorzeit. IV. Taf. 5"), wie in denen zu Norbendorf und Fribolfing, und selbst wie in denen der Niedersachsen (Alterthümer unserer heidnischen Vorzeit, III. 4). Wer kann hier die verschiedenen Stämme des Einen großen deutschen Volkes verkennen! Aber eben auf die Verschiedenheit muß ich noch einmal zurückkommen. So viel man nämlich immer auch Werth legen will und, wie ich es selbst oben gethan, gewiß mit Recht legt auf den Individualisirungstrieb und das Unabhängigkeitsgefühl des deutschen Charakters im Allgemeinen, um die außerordentliche Verschiedenheit in allen Waffen, Geräthen, Schmuckgegenständen und Gefäßen nach Formen und Ornamenten zu erklären, so reicht man doch hiemit, wie mir scheint, bei den Gefäßen, vielleicht auch bei einigen andern Gegenständen, nicht vollkommen aus. Die vollständigere Erklärung kann für diese wohl nur derjenige finden, der, wie ich, unter unserm Landvolke aufgewachsen ist, lange Zeit unter ihm gelebt und seine Eigenthümlichkeiten beobachtet hat, freilich nicht an solchen Orten, wo die auf Heerstraßen und Eisenschienen einherziehende Alles nivellirende Cultur diese Eigenthümlichkeiten verwischt, sondern in den abgelegenen Dörfern der Schwäbischen Alb und des Albuch's, oder auf den Höhen und in den Thälern des Schwarzwalds. Hier lebt noch ein Geschlecht von primitiver Einfachheit in Bedürfnissen und in der Art, sie zu befriedigen. Man hat noch keine Gemeindebacköfen, sondern jedes Haus, jede Familie backt ihr Brod selbst im eigenen Backofen, und die Broblaibe der einzelnen Familie sind auch da, wo man in gemeinschaftlichen Oefen backt, nach Größe und Form und nach den Zeichen, die man in mannigfacher Weise, zum Theil mit Buchstaben auf Holzformen eindrückt, oder sonst in Papierstreifen und dergleichen anbringt, immer erkenntlich verschieden von den Broblaiben jeder andern Familie. Haben wir hier nicht das vollkommene Analogon unserer Thongefäße, von denen gewiß viele nicht in großen Fabriken, sondern in einzelnen Familien aus freier Hand oder auf der gleichfalls höchst einfachen Töpferscheibe angefertigt und jedenfalls in ihren Verzierungen oft durch bloßes Einritzen willkürlicher Strichlagen (V. 13.) oder durch abweichende Größe der gleichartigen oder abweichende Anordnung der gleich großen auf Holzstempeln befindlichen Ornamente (vergl. V. 1 mit 8; 3 mit 5; 11 und 11. b mit 14 und 14. b. IV. 25 mit 28) von einander unterschieden wurden? Nehmen wir hinzu, daß noch jetzt, — es gilt dieß besonders von dem Schwarzwalde — an den kurzen Tagen und langen Abenden der langen Winter, wo die Schneemassen nicht selten den Verkehr selbst mit den nächsten Ortschaften unmöglich machen oder doch sehr erschweren, von dem männlichen Theile der Familie eine Menge Geräthe, namentlich hölzerne, selbst angefertigt werden, so erklärt sich leicht, daß diese, zwar alle den gleichen Typus bewahrend, von den verschiedensten Personen nach den verschiedensten Bedürfnissen, der verschiedensten Befähigung und in der Regel mit absichtlich angebrachten Unterschieden sehr verschieden gemacht werden.

Allerdings ist in der Regel die Gegenwart aus der Vergangenheit, das was ist und wie es ist, aus der Geschichte seiner Entstehung und Entwicklung zu erklären. Hier aber haben wir ein Beispiel von solchen Fällen, in welchen — häufiger, als man gewöhnlich annimmt, — das umgekehrte Verhältniß Statt zu haben und die Vergangenheit aus der Gegenwart ihre Erklärung zu schöpfen scheint. Aber auch nur scheint! Denn diese Gegenwart ist eben keine neue Geschichte, und jene Vergangenheit ist noch Gegenwart, und aus gleichen Ursachen werden unter gleichen Umständen immer die gleichen Wirkungen hervorgehen.

IV.

Wir sind am Ziele unserer Beschreibung angelangt und eben damit am Anfange des Endes, nämlich an der Frage: Wer sind die hier Begrabenen? Diese Frage begreift übrigens drei verschiedene Fragen unter sich, die sich freilich zum Theil wieder wechselseitig bedingen, in der Art, daß die Beantwortung der einen auf die der andern nothwendigen Einfluß übt und umgekehrt. Es sind dieß die Fragen: 1) Welchem Volke gehören die hier Begrabenen an? 2) Welcher Zeit? 3) In welchem Verhältnisse stehen sie zu dieser Gegend und diesem Orte?

Gegen den Einwurf, daß der Beantwortung dieser Frage schon vielfach im Laufe der bisherigen Darstellung präjudicirt sei, muß ich jedoch vor Allem die nahe liegende Bemerkung zur Geltung bringen, daß eben die Beantwortung wesentlich durch den Charakter der Gräber selbst und ihres Inhalts bedingt sei, so daß sie streng genommen schon hiedurch in der Hauptsache gegeben wäre und es sich eigentlich für die nähere Feststellung der Resultate nur noch um die Beziehung gewisser geschichtlicher Thatsachen handelt.

Was nun die erste Frage betrifft, so ist sie zunächst in negativer Weise dahin zu beantworten, daß es sich weder um Kelten, noch um die ältesten geschichtlich auftretenden Sueven, noch um Römer handeln könne. Ein Blick auf die Geschichte unserer Gegenden wird dieß zeigen.

Wir lassen den Streit über ursprüngliche Identität oder Verschiedenheit der Kelten und Germanen hier bei Seite liegen, indem wir vorläufig auf den Grund der Berichte der klassischen Schriftsteller, eines Tacitus, Strabo, Ptolemäus und des keltischen Ursprungs mancher alten Ort- und Flußnamen der gewöhnlichen Ansicht beitreten, daß in der Zeit vor Cäsar, vielleicht bis zum Ueberflutetwerden durch Cimbern und Teutonen, das südwestliche Germanien von Stämmen der keltischen Nationalität bewohnt gewesen sei. Diese Kelten aber waren von den Germanen sprachlich jedenfalls soweit verschieden, daß sie nur durch Dollmetscher mit einander verkehren konnten, wie wir dieß aus dem Zusammentreffen der unzweifelhaft germanischen Sueven mit den unzweifelhaft keltischen Galliern in Cäsars Heere sehen. Zu Cäsars Zeit aber und wohl schon länger war Südwestgermanien von Sueven bewohnt, welche den Kern und Hauptstamm jener großen germanischen Bewegung bildeten, die unter Ariovist den Einfall über den Rhein nach Gallien und die Festsetzung im nachmaligen Burgund zum Zielpunkt hatte, aber an Cäsars Feldherrntalent scheiterte. Die Germanen mußten über den Rhein zurück, blieben jedoch nahezu ein halbes Jahrhundert in unsern Gegenden noch unangefochten, bis unter Augustus durch Drusus und

Tiberius die Gegenden auf der Nordseite der Alpen, also namentlich auch unser Oberschwaben unter dem Namen der Provinz Raetia (später Raetia prima, das südlichere Gebirgsland, und Raetia secunda, das nördlichere Flachland) wozu man auch Vindelicia rechnete, zum römischen Weltreiche geschlagen wurden. Auch vom Rhein her wurden nur wenige Jahre nachher die noch zwischen diesem Flusse und dem Main wohnenden Markomannen, suevischen Stammes, durch die Römer unter Drusus bedroht und entzogen sich der übermächtigen römischen Nachbarschaft, indem sie sich unter Führung Marbods nach Böhmen wandten, wo sie ein mächtiges Reich gründeten. So wurden denn auch diese Gegenden zwischen dem westlichen Traufe der Schwäbischen Alb und dem Rhein, also hauptsächlich das Stromgebiet des Neckars, in welchem, wenn überhaupt, nur wenige Germanen zurückblieben, von den Römern, an welche sich gallische Abenteurer anschlossen*) in Besitz genommen und unter dem Namen des Dekumatenlandes, von der Zehntpflichtigkeit der Einwohner so genannt, zu der Provinz Germania prima oder superior geschlagen. Dieser Zustand, welcher sich am Ende des ersten christlichen Jahrhunderts vollzogen hatte und römische Cultur in unsere Gegenden brachte, blieb in der Hauptsache bis zum Ende des zweiten, ja bis zum Anfange des dritten christlichen Jahrhunderts unter den Kaisern Nerva, Trajan, Hadrian, den beiden Antoninen, Commodus und Septimius Severus. Da treten am Main unter Caracalla um's Jahr 213 zum erstenmal die Alemannen auf. Sie wurden zwar durch ihn besiegt oder richtiger mit Geld beschwichtigt, aber von dieser Zeit an hörten die Kämpfe, obwohl sie lange mit wechselndem Glücke geführt wurden, nicht mehr auf. Immer wieder auf's Neue überstiegen sie den Grenzwall, ja sie drangen selbst bis an den Garbaser vor und bemächtigten sich vorübergehend ganz Galliens, bis es noch einmal einem Römer, dem Kaiser Probus, gelang, sie über den Neckar und die Alb zurückzutreiben. Aber von dieser Zeit, d. h. von den letzten Jahrzehnten des dritten Jahrhunderts an gilt der Rhein, den die Alemannen oft genug schon, zum Theil in Verbindung mit den Burgundern, überspringen, als Grenze des Römerreichs, und wenn auch sie und da noch Einfälle in das deutsche Gebiet gemacht werden, so war doch schon seit Anfang, jedenfalls aber in der zweiten Hälfte des vierten Jahrhunderts alles Land östlich vom Rhein, nördlich vom Bodensee bis zum Lech und über den Main hinaus unbestrittenes Alemannengebiet, woran auch die zum Theil glücklichen Kriegszüge Julians, welcher an den Salzquellen auf der Grenze der Burgunden und Alemannen, also in der Gegend von Schwäbisch Hall, zum letzten Male die — vorübergehende — Huldigung alemannischer Fürsten entgegennahm (359), und Valentinians Sieg (368) bei Solicinium (Sülchen oder Rottenburg am Neckar), von welchem er jedoch eiligst wieder nach Trier zurückkehrte, so wenig als ein Rachezug Gratians (387), welcher, der letzte Cäsar, den deutschen Boden betrat, auch nur das Mindeste änderten. Von dieser Zeit an, nach welcher bald die Sueven als stamm- und bundesverwandtes Volk der Alemannen, ja mit ihnen nach und nach bis zur Identität verschmolzen, wieder auftreten, gibt es in unsern Gegenden, unwidersprechlich jedenfalls soweit sie zur ehemaligen Provinz Rätien gehörten, kein anderes deutsches Volk als Alemannen (die wenigen nach der Eroberung durch die Alemannen übrig gebliebenen Reste der römisch-keltischen Bevölkerung dürften kaum in Rechnung kommen), und wir sind ihre Nachkommen. Denn obgleich sie in der Schlacht von Tolbiacum (Zülpich am Unterrhein) von dem Frankenkönig Chlodwig gänzlich geschlagen wurden (496), und in Folge dieser Schlacht das nördliche Alemannien südwärts bis zum Remsthal und längs der mittlern und untern Neckar-, Kocher-, Jagst- und Taubergegenden (der nachherige Speirer, Wormser und theilweise Würzburger Sprengel**), ja zeitweilig vielleicht selbst bis zum

---

*) Lavissimus quisque Gallorum et inopia audax dubiae possessionis solum occupavere. Tacitus Germ. 29.

**) S. über dieß Alles: Stälin's Württemb. Geschichte, Theil 1. S. 148 ff.

Tranf des Albuchs und der Alb, selbst den Namen verlor und ihn, wohl auch in Folge wirklicher Einwanderung fränkischer Eroberer mit dem Namen „Franken" vertauschte, so blieben doch die in den südlich und östlich gelegenen Gegenden wohnenden Alemannen, welche sich in den Schutz des Ostgothenkönigs Theodorich begeben hatten, also alles Land, das später dem Konstanzer und Augsburger Sprengel angehörte, noch vollkommen frei von Herrschaft und Einfluß der Franken. Erst 40 Jahre später (536) wurden auch sie, nach des großen Theodorichs Tod, an den Frankenkönig Theudebert abgetreten, vermuthlich aber unter Bedingungen, denn ihr Land behielt seinen Namen Alemannien, und sie selbst unter ihren Stammesfürsten erscheinen mehr als zur Heeresfolge verpflichtete Bundesgenossen der Franken, denn als Unterthanen, und wenn auch vielleicht damals schon den fränkischen Königen ein bedeutender Güterbesitz zufiel, und diese Krongüter vielleicht hie und da durch geborne Franken verwaltet wurden, so ist doch nirgends auch nur die geringste Spur von fränkischer Einwanderung und fränkischen Niederlassungen, selbst dann nicht, als das alemannische Herzogthum aufgehoben wurde (748). Vielmehr standen die alemannischen Volksherzoge in der Merovingischen Zeit im größten Ansehen. Ich erinnere nur an die Raubzüge, welche schon unter Theudeberts Sohn, Theudebald, ein Heer von 75,000 Mann Alemannen und Franken unter zwei alemannischen Volksherzogen, den Brüdern Leutharis und Butilin nach Italien machten (548—555); ferner an den Alemannenherzog Chrodobert, der unter Dagoberts Regierung als glücklicher Führer der Alemannen gegen die audringenden Wenden kämpfte (630), um dieselbe Zeit, um welche das alemannische Gesetz — ein weiterer Beleg der alemannischen Selbstständigkeit — vollendet wurde. Erst nach dem Tode des mächtigen Herzogs Gotefrid (709), dessen Urenkelin Hildegard Karl den Großen heurathete, beginnen die sich immer und immer und lange genug wiederholenden Unterwerfungskämpfe gegen die Alemannen — zum schlagenden Beweise, daß sie nicht zuvor schon unterworfen waren — bis im Jahre 748 mit der Absetzung des Herzogs Lantfrids II. durch Pipin das Volksherzogthum Alemannien ein Ende nahm, was übrigens für die Masse der Bevölkerung keinerlei Veränderung herbeiführte, denn die Schults- und Gaugrafen, welche von den fränkischen Herrschern zur Verwaltung der Provinz eingesetzt wurden, waren in der Regel geborene Alemannen, wie denn das gestürzte Herzogsgeschlecht selbst fortblühte und häufig die Gaugrafenwürde bekleidete. Bis auf unsere Tage aber hat sich der Unterschied zwischen den Einwohnern der südlichen und östlichen Theile des Landes, welche den alten Namen Alemannien (Suevien, Schwaben) behielten und denjenigen, welche den Namen „Franken" bekamen, in dem Grade erhalten, daß der aufmerksame Beobachter ihn beim Ueberschreiten der oben bezeichneten Grenzen in der physischen Beschaffenheit, wie in der geistigen Anschauungsweise, in der Sitte und in der Sprache der Bevölkerung — ich rede natürlich zunächst von der ländlichen — leicht bemerken kann.

Wer waren nun die Todten unserer Gräber? Gehörten sie zu der uralt-keltischen oder zu der ursprünglich suevischen — oder zu der mit den wenigen Resten der germanischen Einwohner gemischten römisch gallischen Bevölkerung? Nichts von allem Dem! Denn die Grabesbeigaben aller dieser Nationalitäten sind notorisch ganz anderer Art: ihre Waffen und ihre Geräthe sind notorisch vorzugsweise, ja bis auf ein verschwindendes Minimum fast ausschließlich von Erz, nicht von Eisen; unsere Gräber aber geben uns fast ausnahmslos nur Waffen und Geräthe von Eisen, nicht von Erz, welches letztere sich nur in kleineren Geräthen und Schmucksachen, häufig bloß als Erbgut und Vermächtniß einer früheren Periode in ihnen findet. Diese Gräber aber mit ihren Eisenwaffen und Eisengeräthen, es sind, wie wir gesehen haben, die Gräber der Franken, der Burgunden und der Sachsen, kurz der deutschen Stämme aus der Zeit der Völkerwanderung! Und treffen werden sie also — mit demselben Inhalte und ihrem in jeder Beziehung durchaus analogen Charakter — in unsern Gegenden, in welchen Franken, Burgunden und Sachsen niemals heimisch waren, sein, als derjenigen, von welchem das Land den Namen trägt, und welche als die ersten, in wiederholtem furchtbarem Anstürmen und mit dem siegreichen Enderfolge als Vorkämpfer der Franken und Burgunder auf die Römer sich stürzten, — wessen sonst als der **Alemannen**?

Doch es ist noch eines Fundes zu erwähnen, welcher gegenüber von dem keltischen und ursuevischen Standpunkte vollends jeden Zweifel zum Schweigen bringen wird. In zwei Gräbern wurde je eine römische Bronzemünze gefunden. Die eine, nicht durchbohrt, aber von verdorbenem Gepräge und nicht mehr zu entziffernder Schrift, hat für unsere Fragen keine weitere Bedeutung. Wohl aber die andere, durchbohrte, jedoch noch ziemlich gut erhaltene, die wohl als Schmuck mochte getragen worden sein. Sie zeigt auf dem Avers das Bild des Kaisers mit der Umschrift: Dn. (Dominus) Constantius P. (Pius) F. (Felix) Aug(ustus). Der Revers hat die Umschrift: Fel. (Feliciam) Temp. (Temporum) Reparatio, um folgendes Bild: auf einer Triremis steht der Imperator im Feldherrnmantel, in der Rechten eine kleine Victoria haltend, mit der Linken auf das Labarum sich stützend, welches das Monogramm Christi zeigt; am Steuerruder sitzt die Victoria. Auf dem Revers hinter dem Nacken des Kaisers findet sich der Buchstabe A — das Zeichen des Münzmeisters (auf dem sonst ganz ähnlichen Exemplar in der Königl. Münzsammlung zu Stuttgart steht der Buchstabe A vor dem Kaiser). Wir haben also hier eine Münze des Flavius Julius Constantius, welcher als Augustus von 337—361 regierte, und der Typus: Felicium Temporum Reparatio dauerte bis Gratian, also bis gegen das Ende des vierten Jahrhunderts. Da nun aber die Münzen bei Gräberfunden immer in Betreff der Zeitbestimmung der letztern den terminus ad quom rückwärts bilden, d. h. da die Gräber nicht älter sein können, als die in ihnen enthaltenen Münzen, so hat man, falls man das Alter der letztern kennt, auch für die erstern die Bestimmung der Zeit, über welche sie nicht zurückgehen können, und für unsern concreten Fall trifft diese Zeitbestimmung genau mit den bisher aus dem sonstigen Charakter unserer Gräberfunde gewonnenen Resultate zusammen. Das eine Grab, in welchem die Münze gefunden wurde, kann daher auf keinen Fall älter sein, als die Zeit des Kaisers Constantius, und da diese unsere Gräber alle in der Hauptsache den gleichen Charakter an sich tragen, d. h. von demselben Volksstamme herrühren, so wird man annehmen müssen, daß sie alle wohl nicht über dieselbe Zeit, nämlich um die Mitte des vierten Jahrhunderts zurückzuverlegen sind. Um diese Zeit aber kann von Kelten, Ursueven und Römern in unsern Gegenden längst keine Rede mehr sein, wenigstens nicht, wo es sich um größere, feste Ansiedlungen handelt, und jedes größere Todtenfeld setzt selbstverständlich eine größere, feste Ansiedlung voraus. Alemannen und nur Alemannen hatten damals und schon länger feste Niederlassungen weit und breit in unsern Gegenden, unsere Gräber sind also alemannische Gräber vom vierten Jahrhundert abwärts. Mit der Münze — unserm terminus ad quem rückwärts — haben wir also den terminus a quo vorwärts gewonnen, es fehlt uns noch der terminus ad quem vorwärts, d. h. wir wissen wohl, wie alt unsere Gräber sein können, aber wir wissen nicht, wie jung sie sind. Denn der Rahmen, welcher durch den Charakter der analogen Gräberfunde (fränkische, burgundische, sächsische, alemannische) gebildet wird, ist ein ziemlich weiter; er umfaßt nicht bloß die Zeit der eigentlichen Völkerwanderung, sondern erstreckt sich nach den bisherigen Ergebnissen der verschiedenen Untersuchungen, bis in die Zeit der Karolinger, womit wohl in Zusammenhalt die Thatsache zu bringen ist, daß erst in diese Zeit die Einführung eigentlicher Kirchhöfe, d. h. zur Kirche gehöriger Gottesäcker und eben damit eine wesentliche Veränderung in der Art der Bestattung, der Grabesbeigabe u. s. w. zu setzen ist.*)

---

*) Karl der Große verordnet im Jahr 785 (bei Pertz, Monumenta Germaniae historica. III. p. 49): Jubemus, ut corpora Christianorum Saxonum ad cemeteria ecclesiae deferantur et non ad tumulos paganorum. Man wird annehmen dürfen, daß, was Karl bei den von ihm christianisirten Sachsen befahl, von ihm in seinem Frankenreiche zuvor schon eingeführt war.

Glücklicherweise jedoch sind uns in unsern Gräbern einige Anhaltspunkte zu einer wenigstens annähernd genauen Zeitbestimmung innerhalb des genannten Rahmens gegeben. Ich will breierlei Gewicht legen auf die durchbohrte Münze als Kennzeichen des höhern Alters des Grabes (Normandie p. 38); auch kein besonderes auf den Umstand, daß die Anwesenheit und die größere Zahl von Gläsern, wie dieß bei uns zutrifft, nicht nur ein Kennzeichen des höheren Alters der Gräber, sondern auch ein Beweis dafür sei, daß die Gräber dem Heidenthum angehören, wie Abbé Cochet dieß zeigt (a. a. O. S. 37). Allein entscheidend für ein relativ höheres Alter unserer Gräber sind zweierlei Umstände, ein negativer und ein positiver. Der negative liegt in der gänzlichen Abwesenheit alles Christlichen. Es läßt sich kaum denken, wie in diesen Gräbern, welche sonst noch alle Kennzeichen des Heidenthums an sich tragen, auch nicht die geringste Spur von Christenthum, sei es nun in der Art der Bestattung oder im Charakter der Waffen, Geräthe, des Schmuckes sich finden sollten, wenn diese Gräber einer Zeit angehören würden, in welcher das Christenthum in unsern Gegenden bereits herrschend oder doch schon sehr ausgebreitet war. Es sind also vorchristliche Alemannengräber. Man wird mir das Monogramm Christi auf dem Labarum unserer Münze nicht entgegenhalten wollen, denn ein Helbe, der eine christliche Münze mit sich führt, wird deshalb noch ebensowenig zum Christen, als ein Deutscher, der ein Fünffrankenstück besitzt, dadurch zum Franzosen wird. Auch das Kreuz auf der aus unseren Gräbern nach Berlin gebrachten Lanzenspitze (s. oben S. 3, Anm.) kann hier nicht in Betracht kommen: denn abgesehen davon, daß ein so ganz vereinzelt stehender Fall für die christliche Periode der Gräber überhaupt nichts beweisen würde; abgesehen ferner davon, daß, selbst wenn man dieses Kreuz für ein Zeichen des christlichen Ursprungs dieser Waffe halten wollte, sie ebenso gut durch Kauf oder als Beutestück in die Hand eines heidnischen Alemannen gekommen sein konnte; so sind die Archäologen jetzt längst darüber einig: daß man die Figur des Kreuzes für sich allein noch schlechterdings nicht für ein Zeichen des Christenthums, sondern eben für eine jener natürlichen, primitiven Verzierungen zu nehmen habe. Als solche findet es sich denn auch auf Gegenständen entschieden heidnischen Ursprungs und in verschiedenen Formen, wie ich deren z. B. erst vor wenigen Monaten im Museum zu Hannover gesehen habe; und wer möchte das sogenannte Grab des Midas, ein phrygisches Alterthum aus der Zeit von 600—500 vor Christus (s. Kugler, Geschichte der Baukunst I. S. 165 f.) deswegen für ein christliches Alterthum halten, oder gar die alten Phrygier überhaupt für Christen ansehen, weil auf denselben das Kreuz wiederholt als wesentliches Ornament figurirt? Doch zu diesem negativen Momente der Abwesenheit alles Christlichen in unsern Gräbern kommt noch entscheidend als positiver Beweis des vorchristlichen Ursprungs derselben die nicht unbeträchtliche Anzahl derjenigen, in welchen die Todten nicht begraben, sondern verbrannt sich fanden (s. oben S. 6 f.). Die Heiden allerdings (und insbesondere die heidnischen Deutschen) haben sowohl verbrannt als begraben, und neben einander kommen die beiden Bestattungsweisen vor; allein die Christen durften nur begraben, und wenn man auch, wie aus den wiederholten Verboten der Kirche zu schließen ist, annehmen will, daß an diesem, wie an manchem andern heidnischen Gebrauch einzelne christianisirte Deutsche mit bekannter deutscher Zähigkeit festzuhalten suchten, so ist dieß doch bei einer relativ immerhin beträchtlichen Anzahl von Fällen als gar nicht ausführbar zu denken, wenn das Christenthum schon herrschend war. Unsere Gräber müssen also vorchristliche Alemannengräber sein.

Damit ist freilich für eine absolute Firirung des Zeitpunktes noch Nichts gewonnen. Denn wenngleich auf der einen Seite, nach dem Zeugniß des Arnobius, anzunehmen ist, daß schon im vierten Jahrhundert einzelne Christen unter den Alemannen sich befanden, und wenngleich im sechsten Jahrhundert schon die Gebeine der heiligen Afra in dem benachbarten Augsburg verehrt wurden (s. Stälin, Württ. Gesch. I. S. 163 f. und S. 185 ff.); wenngleich ferner die Verlegung des Bischofssitzes von

Sindoniffa (Sindifch) nach Constanz in der zweiten Hälfte des sechsten Jahrhunderts dafür spricht, daß die große Erweiterung des bischöflichen Sprengels, in welchen gerade unsere Gegenden gehören, eine Folge der fortschreitenden Bekehrung der Alemannen gewesen sei: so ist doch auf der andern Seite nicht zu übersehen, daß, wenigstens nach dem Zeugnisse des Procopius und Agathias, welche das Alemannenvolk im Ganzen als die wildesten Heiden schildern, noch nach der Mitte des sechsten Jahrhunderts bei ihm wenig vom Christenthum zu finden war, und namentlich der letztere Schriftsteller erzählt ausdrücklich, daß von den unter den alemannischen Volksherzogen Leutharis und Butilin in Italien eingefallenen Franken und Alemannen zwar in eifrigstem Wettstreit gemeinschaftlich geplündert, von den Franken aber, weil sie schon Christen waren, die Tempel verschont, von den Alemannen dagegen auch diese ihrer Kostbarkeiten beraubt, ja sie selbst von Grund aus zerstört wurden.

Erst im Laufe des siebenten Jahrhunderts vollzog sich die Christianisirung Alemanniens, hauptsächlich durch die Thätigkeit der irischen Glaubensboten, des heil. Fridolin, des heil. Columba, des heil. Gall und ihrer Nachfolger, des heil. Mang und des heil. Trudpert. Viele vornehme Alemannen waren nach den Erzählungen des Vita St. Galli um 613 bereits bekehrt; im Jahr 615 gab das Volk einer neuen Bischofswahl seine Zustimmung, und um dieselbe Zeit hatte der heil. Gall bereits den Grundstein zum berühmten Kloster St. Gallen gelegt. Wenn gleich immer noch einzelne Alemannen dem Heidenthume anhängen mochten, so kennt doch das alemannische Gesetz, welches um das Ende dieses Jahrhunderts mag vollendet worden sein, nur das Christenthum als allgemeine Volksreligion und erwähnt des Heidenthums, als innerhalb Alemanniens vorkommend, gar nicht mehr, sondern spricht bloß von Heiden außerhalb seiner Grenzen. Wenn wir daher annehmen, daß unsere Gräber vor das Jahr 600 zu setzen seien, so werden wir nach den im Vorhergehenden entwickelten Gründen vollkommen in unserem Rechte sein, und wenn wir bloß als eine Thatsache betrachten, so dürfen wir vielleicht Nachklänge derselben, welche auf sie selbst wieder zurückweisen, in einer Sage und in einer Urkunde erblicken. Die Sage (vgl. Frick's Beschreibung des Münstergebäudes in Ulm, S. 2) ist diese: „die älteste Pfarrkirche der Stadt lag außerhalb der Mauern vor dem Frauenthor, auf dem Gottesacker. Selbige soll schon Anno 600 angelegt worden sein; sie sollte auch an Schöne und Größe nicht viel ihresgleichen damals gehabt haben." Selbstverständlich ist das, was hier nach der Weise des späteren Mittelalters von einer schönen und großen Kirche in Deutschland um's Jahr 600 gesagt wird, eine Fabel; allein das Zusammentreffen der Jahreszahl 600 mit der Zeit der Ausbreitung des Christenthums in unseren Gegenden ist wohl kein bloßer Zufall und dürfte, wenn man nicht einen solchen annehmen will, ein weiterer Unterstützungsgrund für die Annahme sein, daß von dieser Zeit abwärts heidnische Gräber nicht mehr gesucht werden dürfen. Und damit stimmt denn auch der Inhalt einer Urkunde Kaiser Friedrichs des I. vom 27. Nov. 1155, in welcher er ausdrücklich*) den König Dagobert I. (622—633) und den Konstanzer Bischof Marcian als die Ordner der Grenze des Konstanzer Bisthumssprengels bezeichnet, und zwar genau Hilaram usque Ulmam als die Grenze zwischen den Bisthümern Konstanz und Augsburg nennt. Mag man immerhin zugeben, daß der Kaiser eine Originalurkunde Dagoberts aus dem 7. Jahrhundert wohl nicht unmittelbar vor sich liegen hatte, sondern eben nur der unwidersprochenen Tradition folgte, so mußte doch eben diese Tradition ihre geschichtliche Berechtigung haben, und jedenfalls spricht die ausdrückliche Nennung unserer Gegend bei der angenommenen frühesten

---

*) Bei Neugart, Cod. diplom. II. p. 86. Nr. 866: „Sicut ab antecessore nostro felicis memoriae Tagoberto Rege tempore Marciani Constantiensis episcopi distinctos invenimus."

Abgrenzung des christlichen Sprengels in Verbindung mit dem abermaligen Zutreffen des Zeitpunkts, auf welchen wir von andern Seiten her geführt wurden, dafür, daß man im 12. Jahrhundert allgemein annahm, nach dem Jahre 600 sei in diesen Gegenden Alles christlich gewesen oder doch bald geworden, so daß wir auch hier einen Nachhall der Thatsache hätten, wornach, wie bis jetzt die Untersuchung steht, unsere Gräber unter das Jahr 600 nicht heruntergesetzt werden dürfen, wohl aber mit Rücksicht auf die ihnen eigenthümlichen Erscheinungen — ich erinnere beispielsweise nur noch einmal an das Verbrennen der Leichname, an die Pferdeskelette ohne Köpfe u. dergl., — um ein Beträchtliches weiter hinaufgerückt werden können. Jedenfalls aber steht soviel fest, daß sie der Zeit von der Mitte des vierten bis zum Ende des sechsten Jahrhunderts angehören.

Dieses Resultat werden wir ohne Zweifel auch so zu verstehen haben, daß die Niederlassung, welche durch unser Gräberfeld vorausgesetzt wird, keine vorübergehende, sondern eine dauernde gewesen sei, daß also unter den Gräbern, die bis jetzt aufgedeckt wurden und die der Boden noch bergen mag, innerhalb des gewonnenen Zeitrahmens ältere und jüngere sein werden, die zum Theil vielleicht 100 Jahre und noch längere Zeit auseinander liegen. Ein wenigstens annähernd sicheres Resultat über die Größe oder die Zeitdauer dieser Ansiedlung könnten wir nur dann herausrechnen, wenn wir die ganze Ausdehnung unseres Todtenfeldes kennen würden und die Zahl der auf demselben verbrannten und begrabenen Leichname genau wüßten.*) Weder das Eine noch das Andere ist der Fall. Wir müssen uns also vorläufig mit dem Resultate begnügen, daß Ulm schon vor dem Jahre 600 eine alemannische Ansiedlung gewesen sei, wahrscheinlich von nicht sehr großer Ausdehnung, weil die Alemannen überhaupt das Zusammenwohnen in großen Massen nicht liebten und namentlich entschiedene Städtefeinde waren.**) Zu diesem Resultate werden wir aber um so mehr berechtigt sein, als Ulm, welches urkundlich erst unter Ludwig II. dem Deutschen im Jahre 854 genannt wird, zur Zeit der Karolinger immer als curtis oder villa regia mit einem palatium regium als Kron- oder Kammergut erscheint, was es wahrscheinlichst bei der Abtretung dieser Gegenden von Seiten der Ostgothen an die Franken (s. oben S. 32) Anno 536 oder bald darauf geworden ist; um es aber werden zu können, durfte es doch nicht bloß wüstes Land, sondern mußte bewohnter und werthvoller Besitz sein.

Finden wir aber auf diese Weise den Zusammenhang der alemannischen Ansiedlung schon mit der Folgezeit, mit Ulm als curtis regia der Karolinger vollkommen vermittelt, so erübrigt uns nur noch die Frage, ob eine solche Vermittlung auch mit der vorangegangenen Zeit zu finden, ob ob auf dem Boden, auf welchem wir die alemannische Ansiedlung, vielleicht schon im 4. Jahrhundert, nachgewiesen haben, früher eine römische Niederlassung gewesen sei? Eine vollkommen befriedigende Antwort werden wir bei dem jetzigen Stande der Untersuchung noch nicht zu geben im Stande sein, namentlich weil

---

*) Nach gewöhnlichen statistischen Regeln rechnet man auf 90—100 Menschen in einem Jahre durchschnittlich 3 Todte. Nehmen wir die Zahl unserer aufgedeckten Gräber in runder Summe zu 300 an, so würde dieß eine Bevölkerung von 9000—10,000 Menschen voraussetzen, wenn alle 300 Todte in einem Jahre gestorben wären, oder eine Bevölkerung von 90—100 Menschen, wenn man die Gestorbenen auf 100 Jahre vertheilt, also die Dauer der Ansiedlung von so viel Menschen auf 100 Jahre anschlägt.

**) Ipsa oppida ut circumdata retibus busta declinant. Ammian. 16, 2. Eine Stadt wie Augsburg bildet keinen Gegenbeweis; es war bekanntlich eine die Stürme der Völkerwanderung mit mäßigem Glück überdauernde Römercolonie.

außer Münzen, die so leicht verschleppbar sind, hier am Orte selbst noch durchaus nichts entschieden Römisches gefunden wurde. Allein wenn es an sich nicht wahrscheinlich ist, daß eine zu allen Zeiten so wichtige militärische Position wie Ulm von den alten Kriegsmeistern, den Römern, nicht sollte in ihrer Bedeutung erkannt worden sein, so steigert sich die gegentheilige Wahrscheinlichkeit noch durch folgende Umstände. Ganz in der Nähe von Ulm, auf beiden Donauufern, sind ehemalige, wenn auch kleinere römische Niederlassungen, meist zugleich Fundorte römischer Alterthümer: auf dem rechten Ufer Rißtissen, von wo die große Römerstraße an Unterkirchberg vorüber nach Finningen (Phoeniana) und von da nach Günzburg (Guntia) führte; auf dem linken Ufer Erbach und Ehrenstein, von welch ersterem Ort aus eine minder bedeutende Römerstraße mit einer andern vom sogenannten Hochsträß herunterführenden zusammentreffend unmittelbar auf das Terrain der jetzigen Stadt Ulm sich zog, um von da aus wieder über Ehrenstein gegen die Alb hin sich abzuzweigen. Und hier in Ulm, wo die Entfernung von dem schief gegenüber liegenden Finningen in gerader Linie nur eine Stunde beträgt, und die Römerstraßen der rechten und der linken Donauseite einander so nahe rücken, wie an gar keinem andern Orte, so daß man von hier gewissermaßen in's römische Lager des rechten Ufers hineinsehen konnte, hier sollten zur Erhaltung der Verbindung zwischen den beiderseitigen Straßen die Römer nicht einen Punkt durch eine feste Niederlassung sich gesichert haben?*) Es läßt sich dieß in der That kaum denken, und wenn wir in dem auf unserm Todtenfelde gefundenen Stein (s. oben, S. 2 und die nebenstehende Abbildung),

welcher auch in seinem trümmerhaften Zustand immer noch den sorgfältig gearbeiteten Sockel einer Säule oder eines Gemäuers erkennen läßt, den vielleicht einzigen Ueberrest römischer Niederlassung vermuthen; so sind wir zwar weit entfernt, ihn als einen Beweis für eine solche zu betrachten, aber wir finden dadurch für sein Vorkommen auf diesem Platze, wo er gewiß nicht von den städtesteinblichen Alemannen behauen wurde, und wo wenigstens während des ganzen Mittelalters und in der Neuzeit niemals Gebäude standen, eher einen Erklärungsgrund als auf jede andere Weise. Um so berechtigter aber fühle ich mich, auf eine Angabe des Ptolemäus zurückzukommen. Er führt in den wenigen von ihm genannten Orten in Rätien am Donaustrom unmittelbar vor Phaeniana (unbestrittenermaßen Finningen) unter dem gleichen Längen- und Breitengrad, mit einem unbedeutenden, bei dem damaligen Zustande der Wissenschaft kaum zu beachtenden Unterschiede, Viana auf, wofür nach Haid**) andere

---

*) Neuere genaue Untersuchung dieser Straßenzüge verdankt man Seiner Erlaucht dem Herrn Grafen Wilhelm von Württemberg, dessen unermüdeter Forschereiser auch schon die Spuren der Verbindungsstraße zwischen Finningen und Ulm, sowie einer von Ulm gegen Albeck hin laufenden Fortsetzung der linkseitigen Römerstraße gefunden hat.

**) Haid (in: Ulm mit seinem Gebiete, S. 358) sagt: Daß dieß unser Ulm sei, will ich aus seiner (des Ptolemäus) eigenen Beschreibung darthun. Er sagt in seiner Geographie, p. m. 18: Rätien hat den Donaufluß

Ausgaben, die mir nicht zur Hand sind, Ulama oder Uiama lesen. Haib nimmt dieß für Ulm, und auch Stälin (Württ. Gesch. I. S. 95) setzt Viana unbedenklich in die Gegend des Illereinflusses, d. h. da die Iller bekanntlich nur eine Viertelstunde oberhalb der jetzigen Stadt in die Donau fällt, nach Ulm. Ich glaube, Beide mit Recht, und wir hätten also hier eine schon in der Mitte des zweiten Jahrhunderts gekannte und, zufolge unserer vorangehenden Darstellung, entweder von ihnen selbst gegründete oder doch benützte Niederlassung der Römer. So mag denn schließlich eine paläographisch-kritische Conjectur noch ein Plätzchen finden, welche, wer ihr nicht beistimmt, immerhin, — ich habe Nichts dagegen, — einen schlechten paläographischen Witz nennen mag.

Angenommen, es stehe in den noch vorhandenen Handschriften des Ptolemäus, — leider ist mir nicht die Einsicht auch nur einer einzigen vergönnt, — abwechselnd Viana, Uiama und Ulama, oder selbst angenommen, es stehe in allen bloß Viana, so bedenke man, daß die ältesten nicht mehr vorhandenen Handschriften mit Uncialschrift geschrieben waren. Wenn nun in diesen der Name des Orts ungefähr diese Form

VLAMA

hatte, wie leicht konnte dieß nicht bloß Ulama, sondern von kenntnißlosen Schreibern der spätern, noch vorhandenen Handschriften, wie sie meist waren, Uiama, oder selbst immer Viana gelesen werden, da in der Uncialschrift das letztere Wort die der obigen Form ganz ähnliche

VIAMA

geboten haben würde! Ich brauche kaum darauf aufmerksam zu machen, daß auch die Uncialform des griechischen Originals

OYΛAMA

bei der Umschreibung in die lateinische Schrift zu derselben Verwechslung und namentlich zu der Lesart Uiama leicht Anlaß geben konnte.

Doch schließen wir nicht mit einer Betrachtung, welche als ein bloßer Scherz gelten könnte. Kehren wir vielmehr zu dem Ernst unsrer Gräber zurück! Die Todten, welche das Schnauben des Dampfrosses und der rollende Donner der Bahnzüge aus ihrem bald anderthalbtausendjährigen Schlafe aufgerüttelt hat, sie haben gesprochen. Sie zeigen uns einen alten Knoten der Straßen, auf welchen mit der römischen Zwingherrschaft zugleich die Cultur in diese Wildniße gedrungen war. Aber eben unsere Todten waren es, durch deren furchtbaren Ansturm Zwingherrschaft und Cultur mit einander vernichtet wurden, denn sie wollten lieber freie Männer sein ohne Cultur, als Sklaven

---

zur mitternächtigen Gränze, und an diesem Flusse liegt Ulama, im 31. Grad der Länge und 46. Grad der Breite. Den Ursprung der Donau setzt er in den 30. Grad der Länge, also 15 Meilen von Ulama, und in den 46½ Grad der Breite, also 5 Meilen mehr gegen Mittag als Ulm. Vergleicht man die Länge von Ulm und Donaueschingen untereinander, so wird man das Ptolemäische Ulama gerade an dem Orte finden, wo unser Ulm ist. Auch der Name, den das Volk unsrer Stadt gibt, Ulem oder Ulam, ist eben der bei Ptolemäus.

mit Cultur. Auf solchem Boden der Gesinnung erst konnte die höhere Cultur des Mittelalters und der neuern Zeit erblühen. Das germanische Element in Verbindung mit dem Christenthum hat die Welt umgestaltet. Bald nachdem dieses durch todesmuthige Glaubensboten dem wilden Alemannenvolke verkündet worden, erhoben sich in seinen Grenzen segensreich wirkende Bildungsstätten, und um die Königspfalzen bauten sich Städte, welche die Schutzwehren bürgerlicher Freiheit wurden und in ihren Domen und Münstern ein Kunstleben entwickelten, wie es keine spätere Zeit übertroffen. So auch hier an diesem alten Alemannensitze. Jetzt liegen die Gräber der Männer, die jede Mauer als ein Gefängniß ansahen, mitten in den Mauern der größten Festung des deutschen Volkes, und von allen Höhen umher blicken mächtige Bollwerke auf die stille Todtenstätte hernieder. Mögen sie den Frieden über ihr wahren oder, wenn neue Zwingherrschaft mit ihrer gleißnerischen Cultur sich an sie wagen sollte, mögen an ihnen, mögen, wie einst am alten Alemanneustamme, so auch am einträchtigen Widerstande des deutschen Gesammtvolkes, beide, fremde Zwingherrschaft und fremde Cultur auf immer gebrochen werden!

Nachtrag.

Während des Drucks dieser Abhandlung kam mir der Artikel von Herrn Dr. Weinhold, „die heidnische Todtenbestattung in Deutschland" im XXIX. Bande der Sitzungsberichte der historisch-philosophischen Classe der Kaiserlichen Akademie der Wissenschaften, S. 117 f. zu Gesicht. Ich kann mir nicht versagen, die Stelle, welche von dem Standpunkte der Metallurgie bei Kelten und Germanen handelt (S. 200 ff.), hier vollständig wiederzugeben. Denn einerseits ist es erfreulich und immerhin ein weiterer Beweis für die Richtigkeit einer Ansicht, wenn verschiedene Forscher, unabhängig von einander und von ganz verschiedenen Ausgangspunkten her zu denselben Resultaten gelangen, wie es im vorliegenden Falle in der Hauptsache wenigstens in Betreff der Eisenarbeiten der Germanen der Fall ist; andererseits darf ich hoffen, durch meine Erörterung des Gegenstandes die Untersuchung, soweit es nach den bisherigen Gräberfunden und nach dem jetzigen Standpunkte der Wissenschaft möglich war, zu einem gewissen Abschluß gebracht zu haben. Der Artikel ist folgender:

Von den Galliern bezeugen Diodor von Sicilien und Plinius*) glaubwürdig, daß sie geschickt in Gold, Erz und Eisen arbeiteten: sie machten Hals- und Fingerreife, Helme, Schilde, Harnische, Schwerter mit ehernen und eisernen Griffen, ellenlange, eiserne Speerspitzen, und verstanden zu vergolden, zu versilbern und mit Zinn zu überziehen. Das keltische Schwert (noricum ensis, μάχαιρα μαλιτή) war berühmt, weil das Eisen der Alpenbergwerke von ausgezeichneter Güte ist. Dagegen war wenigstens bei dem Einfall der Gallier in Italien die Schmiedekunst schlechter, als der Stoff verdiente, denn Polybius (II, 32) schildert die Unbrauchbarkeit des gallischen Schwertes im Gefecht; zu Cäsars Zeit muß sich das gebessert haben, wie sein Schweigen beweist. Können wir hiernach, wozu die Nachrichten von den gallischen und norischen Bergwerken kommen, nicht ableugnen, daß sich diese Völkerschaften auf Metallarbeit verstanden, so werden wir auch zugestehen müssen, daß Vieles in den Grabfunden keltische Arbeit ist. Es fragt sich nur, ob ihre Kunst selbstständig war. Die Behauptung wäre

---

*) Diodor. Sic. V. 27, 30, 32. Plin. h. n. 34, 48. Auch Polyb. 2, 31. Strabo IV. 4. 5 können benützt werden.

thöricht, daß sie nicht Ringe, Lanzen — und Pfeilspitzen, Messer und einfache Schwertklingen, Keile und Aehnliches selbst hervorgebracht hätten, wie sie in der Mischung und Verbindung der Metalle glücklich waren; aber wo Geschmack und Erfindung der Form noth thut, in allen künstlicheren Geräthen und allen Verzierungen, springt eine solche Verwandtschaft mit den Arbeiten anderer Länder, besonders Italiens, in die Augen, daß Einfluß der südlichen Erzarbeit auf den Norden unleugbar erscheint. Ich halte die Etrusker für die Lehrmeister, deren Tüchtigkeit im Erzguß und der Metallarbeit überhaupt ihre große Einwirkung in dieser Beziehung auf ganz Italien und selbst auf Griechenland herbeiführte, und welche zugleich mit ihren Sachen den ausgedehntesten Handel trieben.*) So kamen Vorbilder in Menge zu den Kelten, wornach sie arbeiteten und womit sie sich und ihre Wohnungen und Gräber schmückten. Als die Römer ihre Herren wurden, steigerte sich dieser fremde Einfluß auf's Höchste.

Die Deutschen besaßen vor ihren großen Eroberungen weder die Bergwerke noch die Kunst, um sich den Kelten im Schmieden und Gießen vergleichen zu können. Sie kannten und brauchten zwar seit ältester Zeit, wie unsere Sprache bezeugt, die verschiedenen Metalle, aber sie mochten nur das Einfachste daraus fertigen. Die Schmiede würden nicht in so hohem Ansehen gestanden haben, wäre ihre Kunst verbreiteter gewesen; und was machte der Erzmeister Wieland anders, als Ringe und Schwerter? — Bei den deutschen Völkern war für die südlichen Erzarbeiten ein vorzüglicher Markt; mehrmals sah man sich in Rom genöthigt, den Handel mit Eisenwaffen zu den Feinden zu verbieten. Dieß geschah freilich erst in der Kaiserzeit, aber lange vorher waren die Kaufwege geöffnet, und der Bernstein vor Allem mochte italische und keltische Sachen von Gold, Erz und Eisen nach dem Norden führen. Dann brachten seit den Cimbernzügen Plünderung und Eroberung aus römischen und keltischen Ländern nicht bloß eine Menge von Metallsachen, sondern auch Gefangene mit, welche bei Guß und Schmieden verstanden und die Deutschen zu gleicher Fertigkeit anlernen konnten.**) So blieb es über die Gründung des Frankenreiches hinaus. Die Volksrechte (L. Sal. nov. 106. L. Alam. 79, 7. L. Burg. X. XXI, 2) beweisen zur Genüge durch ihre hohen Bußen für den servus faber, aurifex, argentarius, ferrarius, aerarius, spatarius, daß jene Künste selbst bei den Stämmen, die mit fremder Cultur in die meiste Berührung kamen, vorzüglich von römischen oder gallischen Knechten geübt wurden. Freilich erhellt zugleich die hohe Achtung dieser nützlichen, das Leben erweiternden Kunst, die eine Art Schaffens ist. Deßhalb waren ihr in ältester Zeit bereits alte Gottheiten zu Schutzherren und das kleine Volk der bergbewohnenden, metallbesitzenden Zwerge zu erlauchten Vorbildern gegeben. Am Weitesten scheinen die kunstliebenden Wandalen sich in der Metallarbeit entwickelt zu haben, wenigstens stand die Waffenschmiedekunst bei ihnen in hoher Blüthe***), und König Geiserich sprach durch die Erhebung eines ausgezeichneten Schmiedes in den Grafenstand die Adelserklärung des ganzen Gewerkes aus.

---

*) D. Müller, die Etrusker. 2, 250 ff.

**) Bekanntlich hat man von der Schweiz bis Skandinavien Reste von Erzgießereien gefunden, in Formen, halbfertigen und fertigen Sachen sammt Metallklumpen bestehend; allein es sind nur Keile und Speer- oder Pfeilspitzen, die man hier sieht.

***) Cassiod. Var. 5. 1.

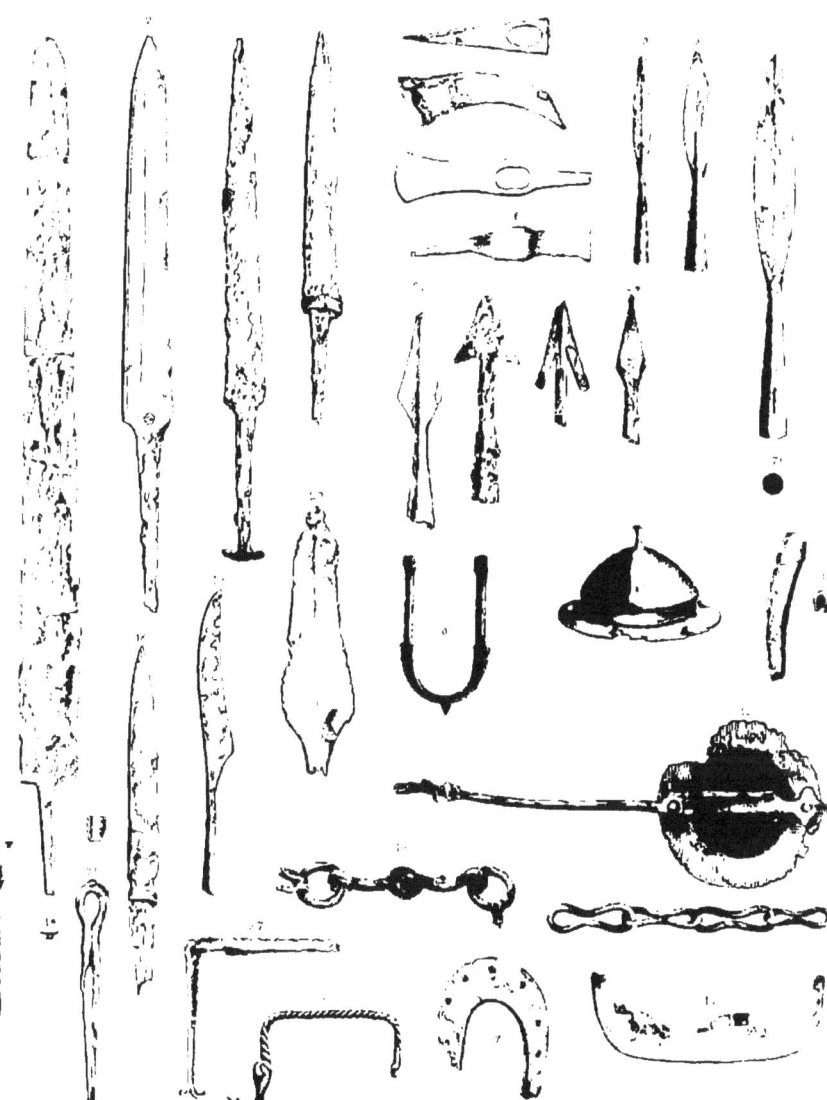

Taf. II.

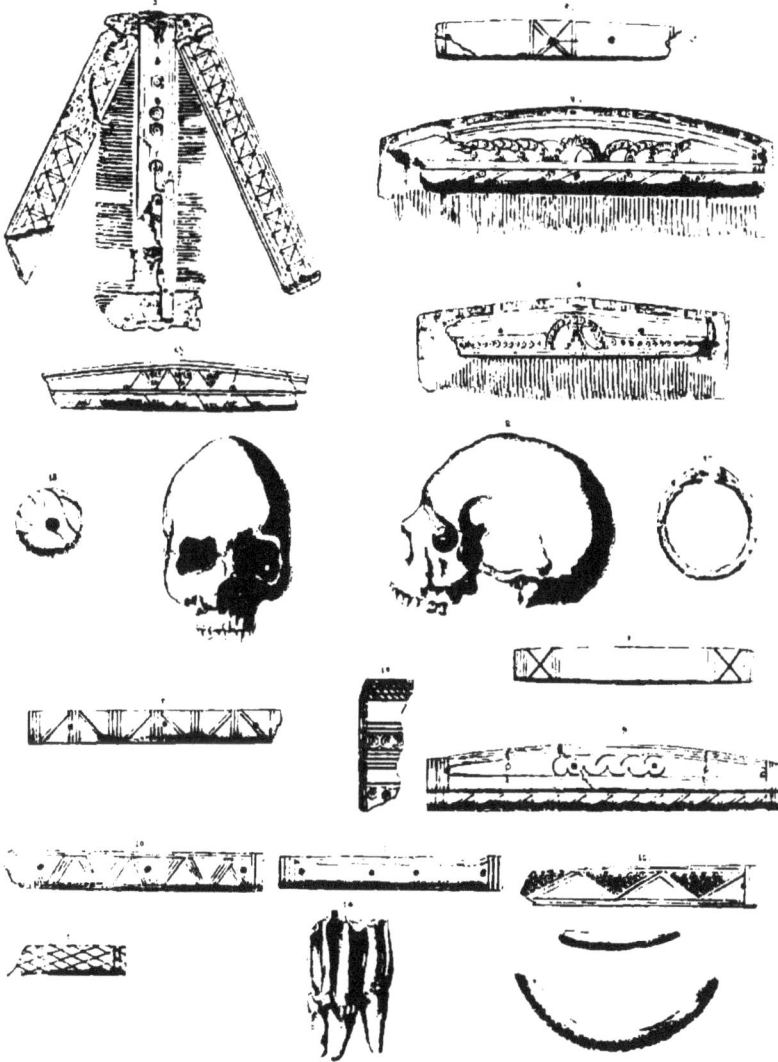

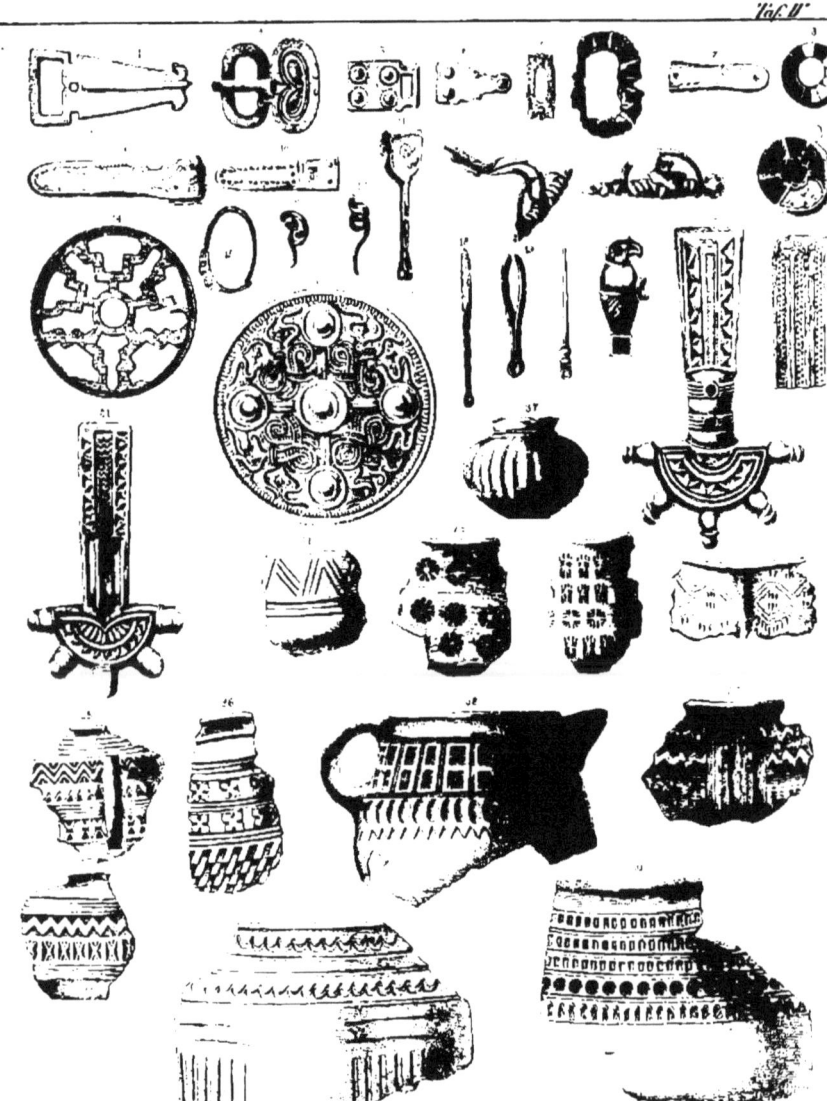